JN235776

クロスボーダー
M&Aの税務

ストラクチャー選択の有利・不利判定

公認会計士・税理士　公認会計士・税理士
佐藤信祐・佐和 周【著】

中央経済社

はじめに

　グローバル化の進展により，内国法人が外国法人を買収するケース，外国法人が内国法人を買収するケース，さらに，内国法人が外国子会社のグループ内再編を行うケース，外資系子会社が日本国内においてグループ内再編を行うケースなども珍しくなくなりました。

　このように，M＆Aやグローバル化が一般化したこともあり，金融機関の社内研修においても，入社1～2年目の新人向けに，国内M＆Aのみならず，クロスボーダーM＆Aについての税務研修が行われるとともに，大学院における講義においても取り上げられるようになったことから，すでに，クロスボーダーM＆Aについての税務は，弁護士，公認会計士，税理士のみならず，金融機関や一般企業に勤務する方々にとっても，身近なものになったと考えられます。

　しかしながら，クロスボーダーM＆Aの難しさは，それぞれの国において，それぞれの税制が設けられていることから，国ごとに異なる取扱いとなっており，最終的には，現地の税務専門家に確認する必要があるため，日本国内における情報のみでは十分に対応することができないという点にあります。

　そのため，クロスボーダーM＆Aを扱った書籍については，それぞれの国ごとのパターンに応じた解説をしているものが多く，結果として，国際税務を専門とする弁護士，公認会計士，税理士以外の方々には，難易度の高いものになっているという実態があります。

　これに対し，クロスボーダーM＆Aにおける取引については，検討すべき事項が国ごとに違うといっても，その中心的な思考回路が大きく異なるものではなく，その中心的な思考回路をきちんと整理することがまずは重要になると考えられます。

　本書は，クロスボーダーM＆Aにおける税務上の難所を解読することを目的

にするものではなく、クロスボーダーM&Aにおいてどのようなことを検討する必要があるのかということを金融機関や一般企業に勤務する方々、国際税務を専門とされない弁護士、公認会計士、税理士の方々に考えていただくことを目的にしています。そのため、実務上は、さらなる詳細な検討が必要になる場面もあるという点につき、ご了承ください。

本書が、クロスボーダーM&Aに関与される方々、これから関与される方々のお役に立つことができれば幸いです。

本書においては、平成25年4月1日時点で公表されている本法、政令、省令および取扱通達をもとに解釈できる範囲内での私見により編集しました。そのため、実務においては、個別の事実関係により柔軟に対応すべき場合もあり得るため、慎重に対応することをお勧めします。

なお、本書の執筆に際して長谷川千恵氏、菅健一郎氏、松本知之氏にご協力いただきました。この場を借りて感謝いたします。

最後になりましたが、本書を企画時から刊行まで担当してくださった株式会社中央経済社の末永芳奈氏に感謝を申し上げます。

平成25年4月

公認会計士・税理士　佐藤　信祐

公認会計士・税理士　佐和　周

クロスボーダーM＆Aの税務
──ストラクチャー選択の有利・不利判定──

Contents

第1章 M＆Aの手法　1

1　日本国内におけるM＆A …………………………………… 1
　(1)　株式購入 …………………………………………………… 1
　(2)　三角株式交換 ……………………………………………… 2
　(3)　事業譲受 …………………………………………………… 3
　(4)　会社分割 …………………………………………………… 5
　(5)　三角合併 …………………………………………………… 6

2　外国のM＆Aにおける留意事項 ………………………… 7

第2章 企業買収に関する基本的な税法の理解　9

1　内国法人における課税関係（日本国内におけるM＆A） …… 9
　(1)　繰越欠損金 ………………………………………………… 9
　(2)　受取配当等の益金不算入 ………………………………… 10
　(3)　流通税 ……………………………………………………… 12

2　居住者における課税関係（日本国内におけるM＆A） …… 13
　(1)　配当所得課税 ……………………………………………… 13
　(2)　譲渡所得課税 ……………………………………………… 14
　　①　被買収会社が非上場会社である場合 ………………… 15
　　②　被買収会社が上場会社である場合 …………………… 15
　(3)　退職所得課税 ……………………………………………… 16

3 インバウンド税制（外国法人の日本進出に関連する税制）……17
- (1) 恒久的施設……17
- (2) 非居住者，外国法人への課税……18
- (3) 租税条約による減免……20
- (4) 過少資本税制，過大支払利子税制……21
  - ① 過少資本税制……23
  - ② 過大支払利子税制……24
- (5) 移転価格税制……25

4 アウトバウンド税制（内国法人の海外進出に関連する税制）…26
- (1) 外国税額控除……26
- (2) 外国子会社配当益金不算入制度……27
- (3) タックス・ヘイブン対策税制……30
  - ① 基本的な取扱い……30
  - ② トリガー税率……30
  - ③ 適用除外……31
  - ④ 資産性所得合算課税制度……32
  - ⑤ 外国子会社配当益金不算入制度との関連……33
- (4) 租税条約の適用……33
- (5) 移転価格税制……34

5 外国の税制における一般的な留意事項……34
- (1) 無形資産，のれんの償却……34
- (2) 繰越欠損金……35
- (3) 優遇税制……35
- (4) 株式譲渡益，配当に対する課税……36
- (5) 事業体課税……38
- (6) その他の留意事項……39

6 資本税制……40

- (1) 減　　資 …………………………………………………………… 40
- (2) 自己株式の取得 ……………………………………………… 41
- (3) その他資本剰余金を原資とする配当 ……………………… 42
  - ① 配当金を支払った発行法人における取扱い ……………… 42
  - ② 配当金を受け取った株主における取扱い ………………… 43
- (4) グループ法人税制の適用 …………………………………… 44

7 日本における組織再編税制に関する規定 ……………………… 45
- (1) 概　　要 …………………………………………………………… 45
  - ① 合併, 分割, 現物出資および事業譲渡 …………………… 45
  - ② 株式交換・移転 ……………………………………………… 46
  - ③ 現物分配 ……………………………………………………… 46
- (2) 税制適格要件 ………………………………………………… 46
- (3) 繰越欠損金と特定資産譲渡等損失 ………………………… 47
  - ① 繰越欠損金の引継ぎ ………………………………………… 47
  - ② 繰越欠損金の引継制限 ……………………………………… 48
  - ③ 繰越欠損金の使用制限 ……………………………………… 48
  - ④ 特定資産譲渡等損失の損金不算入 ………………………… 50
- (4) 資産調整勘定と負債調整勘定 ……………………………… 51
- (5) 譲渡損益の繰延べ …………………………………………… 53
- (6) 株主課税 ……………………………………………………… 53
  - ① 合併, 分割型分割における課税関係 ……………………… 53
  - ② 株式交換・移転における課税関係 ………………………… 54
- (7) 完全子会社の清算における繰越欠損金の引継ぎ ………… 55

8 日本におけるスクイーズ・アウトに関する規定 ……………… 56

9 クロスボーダーの組織再編成に関する規定 …………………… 59
- (1) クロスボーダーの現物出資 ………………………………… 59
- (2) 三角組織再編成 ……………………………………………… 61

	①	合併等による外国親法人株式の交付を受ける場合の課税 ………… 61
	②	日本の課税権確保の措置 ……………………………………………… 62
	③	適格性の否認 …………………………………………………………… 64
	④	コーポレート・インバージョン対策税制 ………………………… 64
(3)		日本法と国外法における税制適格要件の違い …………………………… 65
(4)		米国法におけるチェック・ザ・ボックスへの対応 ……………………… 66
(5)		グローバルM&Aにおけるアロケーション ……………………………… 67

第3章 日本の株主から外資に売却する場合における有利・不利判定（ケーススタディ） 69

1 オーナー企業のM&A ………………………………………………… 69
(1) 単純な買収 ………………………………………………………………… 69
(2) 役員退職慰労金の支給 …………………………………………………… 73
　① 役員退職慰労金を支払った場合の取扱い ………………………… 73
　② 株式譲渡方式との組み合わせ ……………………………………… 74
　③ オーナーからの事業承継における問題点 ………………………… 79
　④ 過大役員退職慰労金 ………………………………………………… 80

2 他の内国法人の子会社のM&A ……………………………………… 82
(1) 含み益の原因が資産調整勘定（のれん）であるケース ……………… 83
(2) 含み益の原因が土地であるケース ……………………………………… 85
(3) 少数株主が存在するケース ……………………………………………… 87
(4) 株式購入前に多額の配当を行う手法 …………………………………… 91
　① 株式譲渡方式と配当後株式譲渡方式との比較 …………………… 91
　② 配当後株式譲渡方式と事業譲渡方式との比較 …………………… 93
(5) 被買収会社において繰越欠損金があるケース ………………………… 95
(6) 被買収会社の株主において繰越欠損金があるケース ……………… 101

3　買い手サイドの論点 …………………………………… 103
(1)　概　　要 …………………………………………… 103
(2)　買い手サイドの資金調達方法 ……………………… 104
(3)　買い手サイドのエグジットの論点 ………………… 107

第4章　外国法人を対象としたM&Aにおける有利・不利判定（ケーススタディ）　109

ケース1　含み益の原因が「のれん」を含む無形資産であるケース …………………………………………………… 114
(1)　事業譲受会社において，税務上「のれん」の償却ができるケース‥ 114
(2)　事業譲受会社において，税務上「のれん」の償却はできないが，一定の無形資産は償却できるケース ……………………… 119
(3)　事業譲受会社において，税務上「のれん」の償却ができないケース ………………………………………………… 123

ケース2　含み益の原因が土地であるケース ………………… 127

ケース3　株式購入前に多額の配当を行う手法 ……………… 128
(1)　被買収会社の株主において，配当は非課税，株式譲渡益は課税のケース ………………………………………………… 128
(2)　被買収会社の株主において，配当も株式譲渡益も非課税のケース ………………………………………………… 131

ケース4　被買収会社において繰越欠損金があるケース ……… 135
(1)　被買収会社において，株主変更により繰越欠損金が失効しないケース ………………………………………………… 135
(2)　被買収会社において，株主変更により繰越欠損金が失効するケース ………………………………………………… 140

ケース5　被買収会社が優遇税制の適用を受けているケース … 145

| ケース6 | 被買収会社（事業譲受会社）に融資するケース ······ 150
- (1) 基本的な考え方 ·· 150
  - ① 融資による場合 ······································· 151
  - ② 出資による場合 ······································· 151
- (2) 被買収会社が日本より高税率の国にある場合 ············ 152
  - ① 基本ケース ··· 152
  - ② 外国税額控除の控除限度額が発生しないケース ········· 155
  - ③ 外国子会社側で利息を損金算入できないケース ········· 156
- (3) 被買収会社が日本より低税率の国にある場合 ············ 157

第5章 外資系の日本法人を対象としたM＆Aにおける有利・不利判定（ケーススタディ） 161

| ケース1 | 含み益の原因が「のれん」であるケース ················ 165
- (1) 被買収会社の株主において，配当も株式譲渡益も課税のケース ····· 165
- (2) 被買収会社の株主において，配当も株式譲渡益も非課税のケース ··· 170

| ケース2 | 含み益の原因が土地であるケース ···················· 176
- (1) 被買収会社の株主において，配当も株式譲渡益も課税のケース ····· 176
- (2) 被買収会社の株主において，配当も株式譲渡益も非課税のケース ··· 181

| ケース3 | 株式購入前に多額の配当を行う手法 ···················· 185
| ケース4 | 被買収会社において繰越欠損金があるケース ············ 190

第6章 海外から撤退する場合における有利・不利判定（ケーススタディ） 197

| ケース1 | 含み益の原因が「のれん」を含む無形資産であるケース
·· 201

(1)	事業譲受会社において、税務上「のれん」の償却ができるケース ‥ 201
(2)	事業譲受会社において、税務上「のれん」の償却はできないが、一定の無形資産は償却できるケース ‥‥‥‥‥‥‥‥‥‥‥‥ 207
(3)	事業譲受会社において、税務上「のれん」の償却ができないケース ‥‥‥‥‥‥‥‥‥‥‥‥‥‥‥‥‥‥‥‥‥‥‥‥‥‥‥‥ 213

ケース2	含み益の原因が土地であるケース ‥‥‥‥‥‥‥ 218
ケース3	株式購入前に多額の配当を行う手法 ‥‥‥‥‥‥ 220
(1)	被買収会社の所在地国に配当源泉税がないケース ‥‥‥‥‥‥ 220
(2)	被買収会社の所在地国に配当源泉税があるケース ‥‥‥‥‥‥ 224
(3)	現地譲渡益課税への影響 ‥‥‥‥‥‥‥‥‥‥‥‥‥‥‥‥ 228
ケース4	被買収会社において繰越欠損金があるケース ‥‥‥ 229
(1)	被買収会社において、株主変更により繰越欠損金が失効しないケース ‥‥‥‥‥‥‥‥‥‥‥‥‥‥‥‥‥‥‥‥‥‥‥‥‥ 229
(2)	被買収会社において、株主変更により繰越欠損金が失効するケース ‥‥‥‥‥‥‥‥‥‥‥‥‥‥‥‥‥‥‥‥‥‥‥‥‥ 235
ケース5	被買収会社が優遇税制の適用を受けているケース ‥ 240
ケース6	被買収会社の清算により株式譲渡損が認識されるケース ‥‥‥‥‥‥‥‥‥‥‥‥‥‥‥‥‥‥‥‥‥‥‥‥‥‥‥ 246

第7章 クロスボーダーのグループ内再編　249

1　日本に支店を有する外国法人の合併 ‥‥‥‥‥‥‥‥‥‥ 249
2　外国に支店を有する内国法人の合併 ‥‥‥‥‥‥‥‥‥‥ 251
3　日本に子会社を有する外国法人の合併 ‥‥‥‥‥‥‥‥‥ 252
4　外国子会社同士の合併 ‥‥‥‥‥‥‥‥‥‥‥‥‥‥‥‥ 253
5　外国子会社の清算 ‥‥‥‥‥‥‥‥‥‥‥‥‥‥‥‥‥‥ 255
6　外国子会社によるその他資本剰余金を原資とする配当 ‥‥‥‥ 257

■凡例■

正式名称	略　称
法人税法	法法
法人税法施行令	法令
法人税法施行規則	法規
法人税基本通達	法基通
所得税法	所法
所得税法施行令	所令
所得税法施行規則	所規
所得税基本通達	所基通
租税特別措置法	措法
租税特別措置法施行令	措令

　本書の記述は，平成25年4月1日現在の法令等に依ります。

第1章

M&Aの手法

本章のポイント

　M&Aとは「mergers and acquisitions」の略であり，一般的には企業の「合併および買収」を意味する。しかしながら，クロスボーダーM&Aといった場合，日本の会社法上，内国法人と外国法人の合併はできないとする見解が実務においては主流であることから，企業の買収を意味することが多い。
　M&Aには様々な手法があるが，大きく分けて，①株式を買う手法と②事業を買う手法の2つに分けられる。
　これは，日本国内でM&Aを行う場合であっても，外国でM&Aを行う場合であっても同様である。なお，本書においては，クロスボーダーM&Aを前提としていることから，日本国内でM&Aを行う場合には，外国法人が買い手または売り手になることを前提としているため，純粋な日本国内のM&Aに比べて，複雑なスキームになることが多い。

1　日本国内におけるM&A

(1)　株式購入

　株式購入とは，買収会社が被買収会社の株式を現金で購入する手法であり，最も単純な買収手法である。被買収会社の法人格をそのまま引き継ぐことから，基本的には，すべての権利義務関係をそのまま取得することになり，後述する三角株式交換と同様に，株式を買う手法の典型的な手法である。

■株式購入

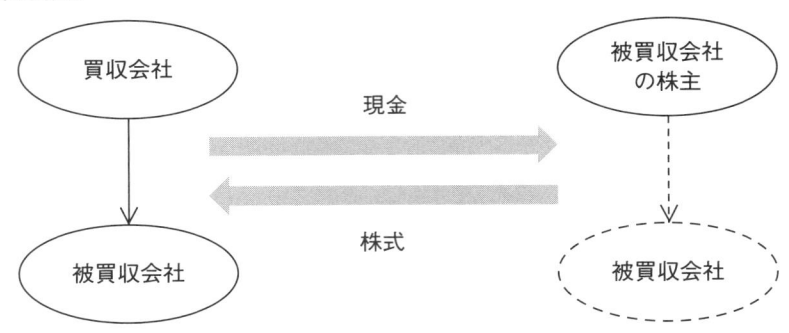

```
買収会社  ──現金──→  被買収会社
                      の株主
  ↓                     ┆
  ←──株式────           ↓
被買収会社            (被買収会社)
```

(2) 三角株式交換

　株式交換とは，株式交換完全子法人がその発行済株式の全部を株式交換完全親法人に取得させることをいう（会社法2三十一）。すなわち，株式交換を行った場合には，被買収会社の株主が保有している被買収会社の株式を強制的に買い取り，対価として買収会社の株式を交付することになる。

　しかしながら，外国法人が内国法人を買収する場合には，外国法人が株式交換完全親法人になることができないため，日本に100％子会社を設立し，当該100％子会社を株式交換完全親法人とし，外国法人株式を株式交換対価資産として交付する三角株式交換を行うことが一般的である。

　三角株式交換を行った場合には，買収会社が被買収会社の株式を取得することから，基本的には，株式購入と変わらない。しかし，株式購入は個々の株主から，相対取引により，株式を取得する手段であるのに対し，三角株式交換は株式譲渡に反対する株主，所在が不明な株主を含めたすべての被買収会社の株主から株式を取得することになるという点が異なる。

　そのため，三角株式交換は，被買収会社の株主が大勢いる場合，反対する株主がいる場合において，株主総会の特別決議により，強制的に100％子会社化する必要があるときに有効な手法であると考えられる。

■三角株式交換

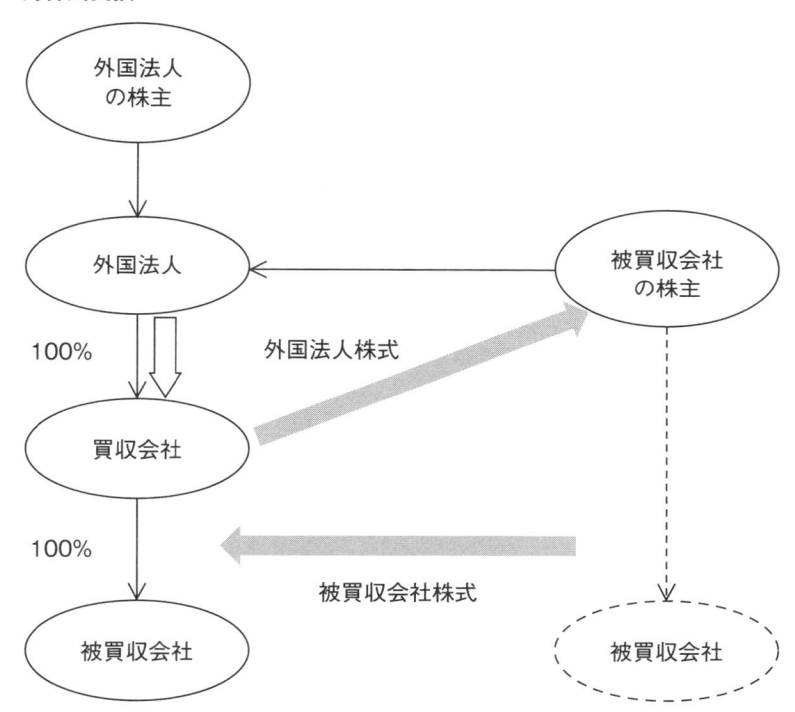

```
        外国法人
        の株主
           │
           ▼
        外国法人 ◄─────── 被買収会社
         │ │              の株主
    100% │ │  外国法人株式   ╱
         │ ▼ ━━━━━━━━━━━━
         買収会社
         │
    100% │    被買収会社株式
         │ ◄━━━━━━━━━━━━
         ▼                    ┌ ─ ─ ─ ┐
       被買収会社              │被買収会社│
                              └ ─ ─ ─ ┘
```

(3) 事業譲受

　事業譲受とは，被買収会社の事業を買収会社が譲り受け，対価として現金その他の資産を交付する手法をいう。

　事業譲受は，株式購入と異なり，被買収会社の法人格を引き継ぐことができないため，被買収会社の簿外負債などを引き継がないことができるというメリットがある反面，個々の資産および負債，契約関係を個別承継することから，事務が煩雑になりやすいというデメリットがある。そのため，実務上，事業譲受による手法が煩雑である場合には，後述する会社分割による手法を採用することが多い。なお，事業譲受と会社分割については，事業を買う手法の典型的

■事業譲受

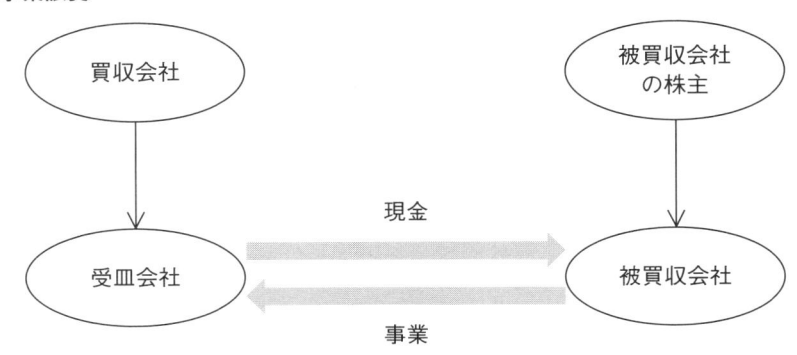

```
    買収会社                         被買収会社
                                      の株主
      ↓                                 ↓
                      現金
    受皿会社  ────────────────→  被買収会社
             ←────────────────
                      事業
```

なケースであると考えられる。

　また，事業譲受においては，被買収会社の一部の事業のみを譲り受けることができる。さらに，事業上の理由で，一部の事業のみを買収したいが，被買収会社の法人格を引き継ぐ必要があるという場合には，事業譲渡により，買収目的外の事業を切り離してから株式を購入するという手法を選択することで目的を達成することができる。

　具体的には，被買収会社の株主が受皿会社を設立し，当該受皿会社に対して買収対象外の事業を譲渡させた後に，被買収会社の株式を購入した場合には，被買収会社の法人格を引き継いだうえで，買収対象の事業のみを買収することが可能となる。

　したがって，被買収会社の一部の事業のみを買収する場合には，被買収会社から必要な事業のみを事業譲受により買収する手法と，被買収会社から不要な事業を事業譲渡により移転させてから被買収会社の株式を購入する手法の2つが考えられる。

■事業譲渡後の株式購入

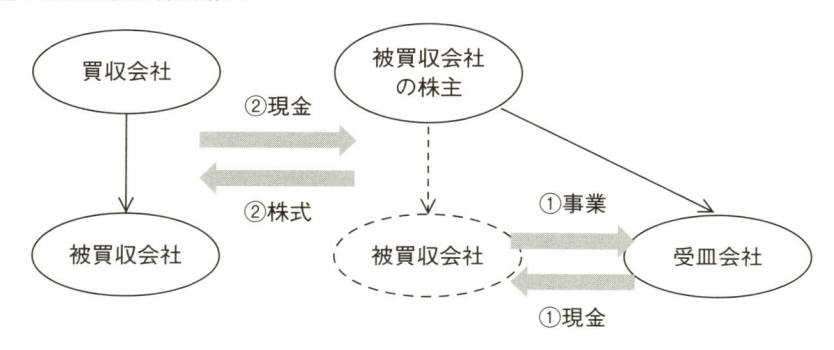

(4) 会社分割

　会社分割とは，株式会社または合同会社がその事業に関して有する権利義務の全部または一部を他の会社（または新設会社）に承継させることをいう（会社法2二十九，三十）。すなわち，事業譲受と異なり，分割法人の事業を分割承継法人に包括承継させることが可能になり，個別の資産および負債，契約関係の移転手続が容易になるというメリットがある。

　また，会社分割を行った場合には，分割承継法人から分割法人に対して，①現金を交付する方法と，②分割承継法人株式を交付する方法，③その他の財産を交付する方法が考えられるが，①または②による買収手法が一般的である。

　すなわち，「①現金を交付する方法」により買収する場合には，被買収会社（分割法人）の事業を買収会社（分割承継法人）に移転し，対価として現金が交付されることになるので，ストラクチャー図については，事業譲受による買収手法と大きくは変わらない。

　これに対し，「②分割承継法人株式を交付する方法」により買収する場合には，被買収会社（分割法人）が会社分割により新会社（分割承継法人）に事業を移転した後に，当該新会社の株式を買収会社に譲渡することにより買収が行われる。

■分割承継法人株式を交付する方法

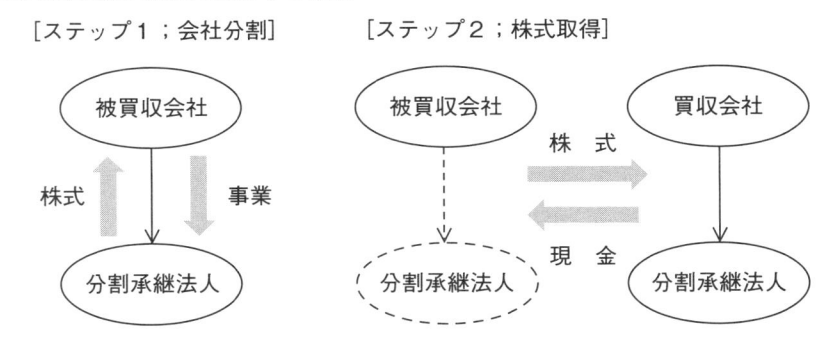

［ステップ１；会社分割］　　　［ステップ２；株式取得］

（図：ステップ１では被買収会社と分割承継法人の間で株式と事業のやり取り。ステップ２では被買収会社と買収会社の間で分割承継法人株式と現金のやり取り）

(5) 三角合併

　合併とは，２以上の会社が契約により１つの会社になることをいう。すなわち，買収手法として合併を利用した場合には，被買収会社の資産，負債，すべての権利義務関係が買収会社に移転することになる。

　しかしながら，外国法人と内国法人とが合併を行うことはできないため，外国法人が内国法人を買収する手法として合併を利用する場合には，当該外国法人の日本子会社と被買収会社である内国法人との合併を行うことにより買収をするというやり方が一般的である。

　なお，日本の会社法上，株式交換と同様に，合併等対価の柔軟化により，被合併法人の株主に対して，合併法人株式ではなく，親法人の株式を交付する三角合併が認められており，クロスボーダーＭ＆Ａにおいて利用される可能性は十分に考えられる。

■三角合併

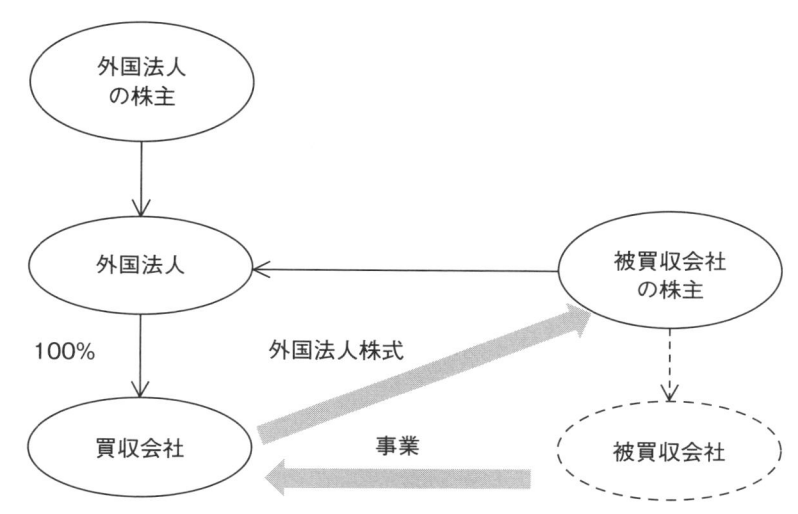

```
   ┌──────────┐
   │ 外国法人  │
   │ の株主    │
   └────┬─────┘
        │
        ▼
   ┌──────────┐              ┌──────────┐
   │ 外国法人  │◀─────────── │被買収会社 │
   └────┬─────┘              │ の株主    │
        │                     └──────────┘
    100%│       外国法人株式        ▲
        │       ═════════════════════
        ▼                             
   ┌──────────┐       事業       ┌ ─ ─ ─ ┐
   │ 買収会社  │◀═══════════════ │被買収会社│
   └──────────┘                  └ ─ ─ ─ ┘
```

2　外国のM&Aにおける留意事項

　内国法人が外国法人を買収する場合におけるM&Aにおいても，基本的な考え方は，「1　日本国内におけるM&A」と変わらない。しかしながら，外国法人の買収については，日本の法律ではなく，その現地の法律に基づいて行われることが一般的であるが，現地の法律と日本の法律との間には差異がある可能性が高い。

　例えば，合併という制度が存在しない国もあり，そのような国では，合併と同一の効果を生じさせるため，事業譲渡＋清算というやり方を採用しているケースが多い。

　さらに，外国法人における土地の保有を制限している国や，一部の業種において，外国法人の持分比率を一定以下に制限するような国も存在し，そのような国でM&Aを行う場合には，それぞれの国における法制度に基づいて対応を行う必要がある。

　また，日本の租税法上も，現地の法制度に基づいて，どのような取引が行わ

れたのかという点に基づいて税制の解釈を当てはめる必要があるところ，現地の法制度を前提として日本の租税法が作られているわけではないため，解釈が難しい場面も少なくない。

　そのため，外国でM＆Aを行う場合には，現地の法制度について，きちんと理解をしておく必要がある。

第2章 企業買収に関する基本的な税法の理解

本章のポイント

　企業買収における税務上の取扱いについて解説する前に，これらに関連すると思われる基本的な税務上の取扱いについて解説を行う。
　また，本書においては，クロスボーダーM&Aを念頭に置いているため，国際税務についての内容も理解しておく必要がある。なお，国際税務の実務においては，クロスボーダーの取引を行った場合における日本国内の税務のほか，海外における税務についても分析を行う必要があるという点に留意が必要である。

1　内国法人における課税関係（日本国内におけるM&A）

　クロスボーダーM&Aであっても，買収会社，被買収会社または被買収会社の株主が内国法人であれば，当然のことながら，日本の租税法の適用を受けることになる。そのため，クロスボーダーM&Aにおける税務を理解する前に，日本国内のM&Aにおける税務を理解する必要がある。

(1)　繰越欠損金

　法人税の計算は，事業年度ごとに行われることから，原則として，ある事業年度の利益と他の事業年度の損失とを相殺することはできない。
　しかし，青色申告法人においては，9年間の繰越欠損金の繰越しが認められており（平成20年3月31日までに終了する事業年度については7年），ある事

業年度で発生した損失は，将来の事業年度における課税所得と相殺することを認めている（法法57①）。なお，平成23年度税制改正により，法人税の税率が引き下げられたことに伴い，繰越欠損金を使用しようとする事業年度の課税所得の80％までしか繰越欠損金を使用することができなくなった。

　企業買収においては，譲渡損益が発生する手法があり，当該譲渡損益と繰越欠損金とを相殺し，課税所得を圧縮することができる。また，企業買収を行った後に，繰越欠損金を有効利用することで，将来の課税所得を圧縮し，キャッシュ・フローを改善させることができる。

　このように，繰越欠損金の金額が多額である場合には，企業買収において，重要な検討事項に該当することが多く，企業買収の手法や企業買収における買収価格の決定にも影響を与えることが多い。さらに，繰越欠損金に関する規定は，極めて精緻に作られており，かつ，実務上も間違いの多い事案となっている。

　そのため，実務上，極めて慎重な対応が求められてくる論点の1つである。

※　なお，課税所得の80％までしか繰越欠損金を利用することができないという規定は，資本金の額が1億円以下である中小法人等（資本金の額が5億円以上である法人の100％子会社等を除く）については，適用対象から除外されている（法法57⑪）。

(2) 受取配当等の益金不算入

　内国法人が他の内国法人から配当金を受領した場合には，「受取配当等の益金不算入」の適用がある。ここでいう「益金不算入」とは，収益から除外して，法人税の課税所得の計算を行うという意味である。これは，他の内国法人で課税済みの利益剰余金の分配については課税しないことにより，二重課税を回避するための規定である。

■受取配当等の益金不算入

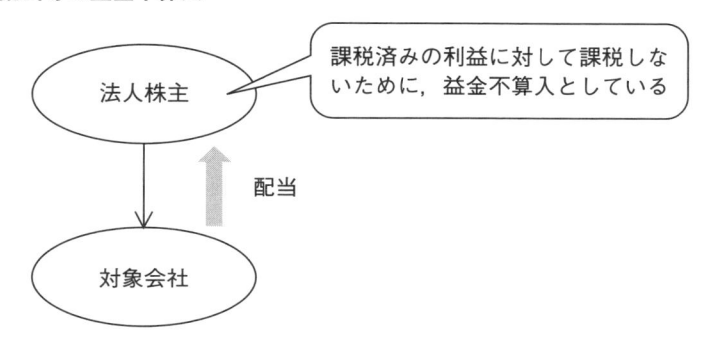

```
      法人株主 ←──── 課税済みの利益に対して課税しな
         │           いために，益金不算入としている
         │ ↑配当
         ↓ │
       対象会社
```

　しかし，100％子会社からの配当であればともかく，それ以外の場合については，受取配当金に対応する負債利子が発生していると考えられることや，株式譲渡益と区別して課税関係を成立させる必要のないものもあるため，完全子法人株式等，関係法人株式等，その他の株式等に分けて計算を行うことになる。

　まず，完全子法人株式等とは，配当等の額の計算期間を通じて，内国法人との間に完全支配関係があった他の内国法人の株式または出資をいう（法法23⑤，法令22の2）。

　そして，関係法人株式等とは，内国法人が他の内国法人の発行済株式総数の25％以上に相当する数の株式を，当該内国法人が当該他の内国法人から受ける配当等の額の支払いに係る効力が生じる日以前6か月以上引き続き有している場合における当該株式をいう（法法23⑥，法令22の3）。

　具体的な受取配当等の益金不算入の計算は以下のようになる。

【完全子法人株式等】

> 受取配当金の金額の総額が益金不算入額となる。

【関係法人株式等】

> 受取配当金の金額 − 控除負債利子 ＝ 益金不算入額
> 控除負債利子 ＝ 支払利子 × 関係法人株式等の帳簿価額／総資産価額

【それ以外の株式等】

> （受取配当金の金額－控除負債利子）×50％＝益金不算入額
> 控除負債利子＝支払利子×それ以外の株式等の帳簿価額／総資産価額

　このように，受取配当等に関しては，益金不算入の適用がなされることから，他の利益に比べて，税負担が圧縮されている結果になる。

※　実務上，稀なケースであると考えられるが，同族会社等の留保金課税の適用を受けるような法人については，受取配当等の益金不算入を適用する前の所得を基礎に留保所得の計算を行うこととされているため（法法67③二），通常の法人税の計算において，受取配当金に対して課税されないような場合であっても，同族会社等の留保金課税の計算においては受取配当金に対して課税されるようなケースがあるため，留意が必要である。

※　上記のほか，受取配当金に対しては，所得税法上，源泉所得税が課されるという点に留意が必要である。なお，源泉所得税については，税金の前払い的な性格のものであるため，法人税法上，所得税額控除の適用が認められており，原則として，確定申告にて支払うべき法人税額から控除することが認められている。なお，実務上の落とし穴としての論点であるが，配当計算期間の一部について，株式を保有していない場合，例えば，他の株主から株式を取得してから数か月で配当を行った場合には，所得税額控除の一部が認められない可能性があるため，留意が必要である。なお，外国法人からの配当についての取扱いは，「4　アウトバウンド税制」を参照されたい。

(3) 流通税

　上記のほか，M&Aを行う場合には，消費税，不動産取得税，登録免許税のそれぞれの試算が必要となってくる。
　さらに，M&Aのストラクチャーを構築した結果，法人税法上の資本金等の額が変動することにより，住民税均等割，事業税資本割が変動することも考えられる。
　しかしながら，不動産を多額に保有するような法人を除き，ストラクチャーを検討する初期段階において，流通税を細かく検討するケースは稀であるため，

本書においては，その解説を省略する。

2　居住者における課税関係（日本国内におけるM＆A）

　M＆Aを行う場合には，被買収会社の株主が，法人ではなく，個人である場合も考えられる。また，日本の居住者であれば，当然のことながら，日本の租税法の適用を受けることになる。そのため，クロスボーダーM＆Aにおける税務を理解する前に，日本国内のM＆Aにおける税務を理解する必要がある。

(1)　配当所得課税

　居住者が内国法人から配当を受け取った場合には，配当所得として課税される（所法24①）。また，通常の利益配当のほか，組織再編成や資本等取引により発生したみなし配当についても，配当所得に含まれる（所法25①）。

　配当所得は，給与所得，事業所得，不動産所得等と合算して，総合課税の適用を受ける。総合課税の適用を受けた場合には，累進課税により所得税の税額が計算されるが，企業買収の結果，多額の配当所得が発生した場合には，配当所得のほとんどに対して，最高税率である50.84％（所得税率40.84％，住民税率10％）の課税が発生する。

　これに対し，配当所得が発生した場合には，発行法人において課税済みの利益剰余金について配当を受けていることから，二重課税を排除するため，配当控除の適用が認められており，所得税額から税額控除を行うことができる（所法92）。

　しかしながら，配当控除の計算は，それぞれの課税所得，配当所得の金額によって異なるが，企業買収の結果，多額の配当所得が発生した場合には，配当所得の6.4％（所得税率5％，住民税率1.4％）しか税額控除を取ることができず，十分に二重課税が排除されているとは言い難い。

　企業買収においては，多額の配当所得が生じることが多いため，これらのストラクチャーを検討する段階においては，居住者における配当所得の実効税率は，ほとんどの場合において44.335％となる。

なお，平成25年度税制改正により，平成27年度以降の最高税率は55.945％（所得税率45.945％，住民税率10％）まで引き上げられたため，配当所得の実効税率は49.44％となる。

※　所得税および住民税の最高税率は50％（所得税40％，住民税10％）であるが，復興税制により，平成25年から平成49年までの所得税額に対して2.1％の「復興特別所得税」が課されているため，実質的な最高税率は50.84％となる。同様に，平成27年度以降の最高税率は55％（所得税45％，住民税10％）であるため，復興特別所得税を加味すると55.945％となる。

※　復興税制は配当控除後の所得税額に対して課されるため，復興特別所得税の金額は，(40％－5％)×2.1％＝0.735％となる。そのため，配当所得に対する実効税率は，50％－6.4％＋0.735％＝44.335％となる。同様に，平成27年度以降の配当所得に対する実効税率は，55％－6.4％＋(45％－5％)×2.1％＝49.44％となる。

※　上記のほか，受取配当金に対しては，所得税法上，源泉所得税が課されるという点に留意が必要である。なお，源泉所得税については，税金の前払い的な性格のものであるため，所得税法上，税額控除の適用が認められており，原則として，確定申告により支払うべき所得税額から控除することが認められている。

※　外国法人からの配当については，当該外国法人の居住地国で源泉所得税が課されるが，日本において課された税金ではないことから，所得税額控除の対象にはならない。なお，外国税額控除の対象になるケースはあり得る。

※　「居住者」とは，国内に「住所」を有し，または，現在まで引き続き1年以上「居所」を有する個人をいう（所法2①三）。

(2) 譲渡所得課税

日本の居住者が資産の譲渡を行った場合には，その譲渡益は譲渡所得として課税される。

企業買収において問題になりやすいのは，居住者が所有している被買収会社の株式を譲渡した場合における課税関係である。

以下，被買収会社（内国法人）が非上場会社である場合と上場会社である場合とに分けて解説を行う。

① 被買収会社が非上場会社である場合

居住者が非上場会社の株式を譲渡し，譲渡益が発生した場合には，譲渡所得として分離課税の適用を受ける。その場合の税率は20.315%（所得税率15.315%，住民税率5％）である（措法37の10，地法附則35の2①⑨）。

これに対し，譲渡損失が発生した場合には，譲渡損失がなかったものとみなされるため，給与所得等の他の課税所得と相殺することはできない（措法37の10，地法附則35の2①⑨）。

　※　譲渡所得に対する税率は20％（所得税15％，住民税5％）であるが，復興税制により，平成25年から平成49年までの所得税額に対して2.1％の「復興特別所得税」が課されているため，実質的な最高税率は20.315％となる。

　※　実務上，該当するケースは稀であると考えられるが，「土地類似株式等の譲渡を行った場合」，「相続後3年以内に株式譲渡を行った場合」には，それぞれ所得税および住民税の計算に特例があり，「取引相場のない株式等に係る相続税の納税猶予制度」の適用を受けた株式を譲渡した場合には，猶予を受けた相続税を納税しなければならないことがあるため，留意が必要である。

② 被買収会社が上場会社である場合

居住者が上場会社の株式を譲渡し，譲渡益が発生した場合には，譲渡所得として分離課税の適用を受ける。その場合の税率は20.315%（所得税率15.315%，住民税率5％）である（措法37の10，地法附則35の2①⑨）。

ただし，平成25年12月31日までに譲渡した上場株式については，税率が10.147％（所得税率7.147％，住民税率3％）まで軽減されている（措法37の11①，地法附則35の2の3①④）。

これに対し，譲渡損失が発生した場合には，譲渡損失がなかったものとみなされるため，給与所得等の他の課税所得と相殺することはできない（措法37の

10, 地法附則35の2①⑨)。なお，他の上場株式の譲渡利益と相殺することはできるが，企業買収におけるストラクチャーを決定する段階でそこまでの検討を行うことは稀であるため，詳細な解説は省略する。

> ※　上記のほか，上場会社の株式を譲渡した場合における個人株主の課税上の取扱いについては，細かな規定がなされているが，企業買収のストラクチャーを検討する場合において，重要な影響を与えることは稀であるため，本書においては，その解説を省略する。

(3)　退職所得課税

居住者が退職を基因として退職金を受け取った場合には，退職所得として取り扱われる。

退職所得に係る課税は，他の所得と分離して累進課税の適用を受けることになるが，課税所得の計算は以下のようになる。

【退職所得の金額（所法30）】

```
退職所得の金額＝（退職金の金額－退職所得控除）×1／2
退職所得控除
　⇒勤続年数が20年以下の場合……勤続年数×40万円
　　勤続年数が20年超の場合　　……800万円＋（勤続年数－20年）×70万円
```

また，上記により計算された退職所得に係る税率は累進課税であることから，所得水準によって異なってくるが，居住者における退職所得の最高税率は50.84％（所得税率40.84％，住民税率10％）である。

しかし，住民税については，当分の間，住民税率に0.9を乗じた金額とされているため（地法附則7①④），実際の税率は49.84％となる。

また，退職所得の金額は，退職金の金額から退職所得控除を差し引いた金額に2分の1を乗じた金額として計算されることから，退職金に係る実効税率は24.92％となる。

なお，平成25年度税制改正により，平成27年度以降の最高税率が55.945％

(所得税率45.945％，住民税率10％)まで引き上げられたため，退職金に係る実効税率は（45.945％＋10％×0.9）÷2＝27.4725％となる。

> ※ なお，平成24年度税制改正により，勤続年数が5年以内の役員等については，課税所得に2分の1を乗じる特例の適用を受けることができなくなったため，留意が必要である。

3 インバウンド税制（外国法人の日本進出に関連する税制）

　外国法人が日本に進出する場合には，インバウンド税制について検討が必要になってくる。例えば，外国法人が日本で利益を獲得した場合において，日本においてどのような課税が生じるのかという点については，インバウンド税制の範疇になる。

　なお，インバウンド税制については，内国法人が海外に進出するときには，現地での税制で類似の制度があることが多く，インバウンド税制とアウトバウンド税制は一体のものであることが多い。

(1) 恒久的施設

　国際税制を検討する際に，まずは，恒久的施設（PE）の有無について検討が必要になってくる。なぜなら，国際税務においては，恒久的施設の有無によって課税関係が異なってくるからである。

　日本の租税法においては，恒久的施設は，以下の3つに分類されている。
① 国内における支店，工場その他事業を行う一定の場所（1号PE）
② 国内において，建設，据付け，組立てその他の作業またはその作業の指揮監督の役務の提供を1年を超えて行う外国法人（2号PE）
③ 国内に自己のために契約を締結する権限のある者その他これに準ずる者を置く外国法人（3号PE，代理人PE）

　恒久的施設の判定については，実務上，かなり重要な論点である一方，税務当局との解釈に相違が生じやすい論点でもあるため，慎重な対応が必要になっ

てくる。しかしながら、実務上、恒久的施設が生じないようにストラクチャーを構築することが一般的であるため、本書においては、恒久的施設がないものとして解説を行う。

> ※ 恒久的施設に該当するか否かについて、クロスボーダーM＆Aにおいては、3号PE（代理人PE）に該当するか否かが論点になりやすい。なお、平成20年度税制改正により、3号PEから独立代理人を除くこととなったため、以前に比べては問題になることは少なくなったが、それでもなお、議論になるケースは少なくないため、実務上、留意が必要である。

(2) 非居住者、外国法人への課税

恒久的施設のない非居住者または外国法人において内国法人を買収した後に生ずるであろう所得としては、配当等、貸付金利子、匿名組合分配金、株式譲渡益などが考えられる。

このうち配当等、貸付金利子、匿名組合分配金については、非居住者であっても外国法人であっても、これらの総額に対して、20.42％（うち復興特別所得税0.42％）を乗じた金額について、所得税の源泉徴収がされて課税関係が終了する（所法161四～六。ただし、租税条約による減免について、(3)参照）。

これに対し、株式譲渡益については、源泉徴収がなされないものの、以下のものについて、確定申告により納税を行う必要がある（法法141四イ、法令187①三～五、所法164①四イ、所令291①三～五）。

① 内国法人の株式の譲渡による所得で次に掲げるもの
　(i) 同一銘柄の内国法人の株式の買集めをし、その所有者である地位を利用して、当該株式をその内国法人もしくはその特殊関係者に対し、またはこれらの者もしくはその依頼する者のあっせんにより譲渡をすることによる所得
　(ii) 内国法人の特殊関係株主である外国法人または非居住者が行うその内国法人の株式の譲渡による所得
② 不動産関連法人の株式の譲渡による所得

③　国内にあるゴルフ場の所有または経営に係る法人の株式を所有することがそのゴルフ場を一般の利用者に比して有利な条件で継続的に利用する権利を有する者となるための要件とされている場合における当該株式の譲渡

上記のうち，実務的に問題となるものは，①(ii)特殊関係株主による株式譲渡である。

具体的には，①(ii)特殊関係株主による株式譲渡については，（イ）譲渡事業年度終了の日以前3年内のいずれかの時において，その内国法人の発行済株式総数の25％以上に相当する数の株式を所有しており，かつ，（ロ）譲渡事業年度において，その内国法人の発行済株式総数の5％以上に相当する数の株式の譲渡をした場合において課税されることとされている（法令187⑥，所令291⑥）。そのため，特殊関係株主による株式譲渡については，「事業譲渡類似株式の譲渡」と呼ばれている。

このように，非上場株式の譲渡を行った場合において，所得税または法人税の課税対象になるときは，株式譲渡収入ではなく，株式譲渡益に対して，非居住者については所得税が15.315％，外国法人については法人税が25.5％（平成24年度以降3年間は28.05％）の課税が生じることになる。なお，恒久的施設が存在しないことから，住民税および事業税の負担は存在しない。

※　なお，特殊関係株主の定義としては，次に掲げる者をいうこととされている（法令187④，所令291④）。ただし，基本的には，発行済株式総数の25％以上を持っている株主が，5％以上を譲渡した場合に課税されるという理解の仕方で問題ないと思われる。
　①　内国法人の一の株主
　②　当該一の株主と以下の特殊の関係その他これに準ずる関係のある者
　　(i)　当該一の株主の親族
　　(ii)　当該一の株主と婚姻の届出をしていないが事実上婚姻関係と同様の事情にある者
　　(iii)　当該一の株主（個人である株主に限る。(iv)(v)において同じ）の使用人
　　(iv)　当該一の株主から受ける金銭その他の資産によって生計を維持しているもの
　　(v)　(i)から(iii)に掲げる者と生計を一にするこれらの者の親族

③　一の株主が締結している組合契約（次に掲げるものを含む）に係る組合財産である内国法人の株式につき，その株主に該当することとなる者
(ⅰ)　一の株主等が締結している組合契約による組合（これに類するものを含む。以下この項において同じ）が締結している組合契約
(ⅱ)　(ⅰ)または(ⅲ)に掲げる組合契約による組合が締結している組合契約
(ⅲ)　(ⅱ)に掲げる組合契約による組合が締結している組合契約

※　不動産関連法人株式の譲渡については，金融商品取引所に上場されているものその他これに類するものとして財務省令に定めるものに限定されているため，本書では解説を省略する。

※　厳密にいえば，クロスボーダーM＆Aを行った後には，グループ内再編が行われたり，グループ内の商取引が行われたりすることが多いため，他の所得についても検討が必要になってくるが，本書においては，詳細な解説は省略する。

(3)　租税条約による減免

　国際的な二重課税を回避するために，租税条約（または租税協定）により源泉地国における課税の減免が行われているケースが多い。日本は，すべての国，地域と租税条約を締結しているわけではないため，租税条約が結ばれている国，地域と，そうでない国，地域との間の取扱いは当然に異なってくる。さらに，租税条約の内容は，それぞれの国，地域によって異なるため，どの国，地域から投資が行われたかにより，租税条約の適用関係は変わってくる。なお，租税条約により課税の減免を受ける場合には，国内法に優先して適用されることから，「(2)　非居住者，外国法人への課税」で解説した内容よりも有利な取扱いがなされることになる。

　例えば，配当に係る課税関係について，日米租税条約では，細かな適用関係については例外があるものの，原則として，議決権のある株式の50％を超える株式を直接または間接に保有している外国法人については課税が免除されており，議決権のある株式の10％以上を直接または間接に保有している法人については配当の額の5％に軽減されており，それ以外の場合には配当の額の10％に軽減されている。

本来であれば，租税条約の分析については，かなり詳細に行う必要があるが，本書においては，クロスボーダーM＆Aの基本的な取扱いを解説することを目的としているため，第3章以降においては，租税条約により修正された国内法がストラクチャーにどのように影響を与えるのかという点について分析を行うこととする。

> ※　上記のように，日米租税条約においては，議決権のある株式のうち，どれだけの比率を保有しているのかによって課税関係が変わってくることから，進出時における出資比率の検討は重要なポイントであり，その他の国，地域との間の租税条約についても，同様の議論が生じることが多い。
> 　例えば，日本法人が米国法人を買収する場合の取扱いがわかりやすいが，「4⑵外国子会社配当益金不算入制度」で解説するように，外国子会社からの配当等の額の95％部分について益金不算入とされており，源泉地国において源泉徴収された税額については，外国税額控除の対象とならず，さらに，外国子会社配当益金不算入制度を適用する場合には，損金の額にも算入できないため，永久に取り返すことができない税額となる。したがって，買収した米国法人からの配当を受領することを考えた場合には，出資比率を50％超にすることが望ましいという考え方が成立することになる。

⑷　過少資本税制，過大支払利子税制

法人税の課税標準を計算する場合には，支払配当については損金の額に算入されないが，支払利子については損金の額に算入されることから，外国法人から内国法人に対して貸付けを行ったときは，当該内国法人における法人税，住民税および事業税の金額が減額されることになる。

そのため，外国法人が日本に進出する場合に，株式による資金調達を少なめにし，借入金による資金調達を多めにすることにより，日本国内における法人税，住民税および事業税の負担を減額させることが考えられる。

外国法人が内国法人を買収する場合においても，SPCを通じて内国法人を買収するときは，SPCが内国法人株式を取得するための資金調達として，借入金の比率を高くすることにより，合併後の内国法人における法人税，住民税および事業税の負担を減額させることが可能になる。

具体的には，下図のとおりである。

■SPCを利用した内国法人の買収

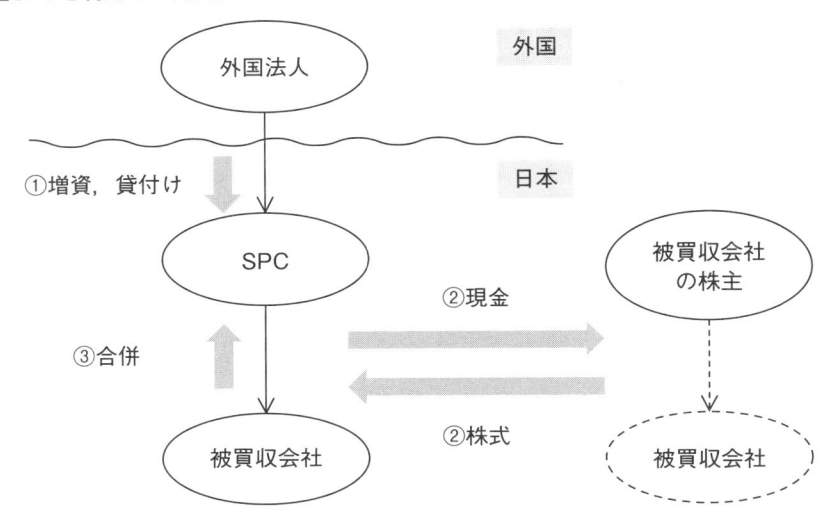

```
                    外国法人              外国
                       │
      ─────────────────│──────────────────────
                       ▼                  日本
  ①増資，貸付け
                     SPC              被買収会社
                      ↑   ②現金 →      の株主
       ③合併         │   ← ②株式         ┆
                   被買収会社              ▼
                                      (被買収会社)
```

具体例

前提条件

- 外国法人P社は，日本にSPCであるA社を設立し，内国法人B社の発行済株式の全部を取得した後に，B社を合併法人とし，A社を被合併法人とする逆さ合併を行った。
- A社によるB社株式の取得価額は4,000である。
- A社の会計上の貸借対照表は以下のとおりである。

資産		負債・純資産	
B社株式	4,000	諸　負　債	3,000
		資　本　金	1,000
合計	4,000	合計	4,000

- B社の会計上の貸借対照表は以下のとおりである。

資産		負債・純資産	
諸 資 産	10,000	諸 負 債	6,000
		資 本 金	1,000
		利益剰余金	3,000
合計	10,000	合計	10,000

合併受入仕訳

（子会社株式）	4,000	（諸　負　債）	3,000
		（資本剰余金）	1,000
（資本剰余金）	4,000	（子会社株式）	4,000

合併後の貸借対照表

資産		負債・純資産	
諸 資 産	10,000	諸 負 債	9,000
		資 本 金	1,000
		資本剰余金	△3,000
		利益剰余金	3,000
合計	10,000	合計	10,000

　上記の結果，SPCを使ったM＆Aを行った場合には，株式の購入資金の調達手段として借入金を利用することにより，借入金の比率を増やすことが可能になる。

　このような日本からの税流出に対応するために，平成4年度税制改正により過少資本税制が導入されるとともに，平成24年度税制改正により過大支払利子税制が導入された。

① **過少資本税制**

　過少資本税制とは，内国法人が，各事業年度において，国外支配株主等または資金供与者等に負債の利子等を支払う場合において，当該利子等のうち，そ

の負債が国外支配株主等の資本持分の３倍を超える部分は損金の額に算入しないという制度である（措法66の５①）。この場合における負債の利子には債務保証料も含まれており、資金供与者には国内支配株主等が債務の保証を行った場合における第三者も含まれているため、金融機関を通じて、負債を増やすという行為についても、制約を受けることになる。

なお、上記の計算における「負債」については、負債の利子等の支払いの基因となるものに限られていることから（措法66の５④四）、大雑把にいえば、100％子会社を前提にすると、親会社からの借入金が資本の３倍以上であれば、その３倍を超える借入金に相当する利子については、損金の額に算入することを認めないという制度である。

なお、一般的に、日本における法人税の実効税率は、外国のそれに比べて高率であることが多く、内国法人ではなく、外国法人に所得を帰属させることが望ましいことが多い。そのため、外国法人が内国法人を買収する場合には、過少資本税制に抵触しないぎりぎりまで負債の比率を増やすことが多いと思われる。

※　国外支配株主等の資本持分については、内国法人の自己資本に持分比率を乗じた金額をいうが、自己資本の金額については、以下のいずれか大きい金額となる（措令39の13）。
- 総資産の帳簿価額から総負債の帳簿価額を控除した金額
- 会社法上の資本金の額
- 法人税法上の資本金等の額

② 過大支払利子税制

平成24年度税制改正により導入された過大支払利子税制は、関連者に対する純支払利子等の額（支払利子から受取利子を控除した金額）が調整所得金額の50％を超える場合には、その超える部分の金額は、当期の損金の額に算入しないという制度である。

この場合における関連者とは、その法人との間に直接または間接の持分割合が50％以上の関係にある者および実質支配・被支配関係にある者ならびにこれ

らの者による債務保証を受けた第三者等をいう。

　また，この場合における調整所得金額については，厳密には少し違うが，EBITDAと考えるとわかりやすい。

　そのため，大雑把にいってしまえば，グループ会社に対する支払利子がEBITDAの50％を超える場合には，その超える部分については，損金の額に算入しない（ただし，7年間の繰越しが認められる）という制度である。

　なお，その事業年度における関連者純支払利子等の額が1,000万円以下である場合，または，関連者支払利子等の額が総支払利子等の額の50％以下である場合には，過大支払利子税制の適用はないものとされている。

> ※　厳密にいうと，調整所得金額は，当期の所得金額に，関連者純支払利子等，減価償却費等および受取配当等の益金不算入額等を加算し，ならびに，貸倒損失等の特別の損益について加減算する等の調整を行った金額をいう。

(5)　移転価格税制

　海外のグループ会社との取引において，時価（独立企業間価格）と異なる取引価額で取引が行われた場合には，内国法人の課税所得が小さくなり，税流出をもたらすことになる。

　そのため，移転価格税制が導入されており，時価と異なる取引価額で取引を行った場合には，時価に引き直したうえで，課税所得の計算をすることとなる。この制度については，我が国の国内法において明記されているほか，租税条約にも規定されているケースが多い。

　移転価格税制の内容については複雑ではあり，大手税理士法人においては，移転価格税制を専門とするチームも存在するが，基本的な理解としては，「時価で取引を行わないと否認を受ける可能性がある」という程度のもので問題ないと思われる。

4 アウトバウンド税制（内国法人の海外進出に関連する税制）

　内国法人が海外に進出する場合には，アウトバウンド税制について検討が必要になってくる。例えば，内国法人が海外で獲得した利益を日本に送金する場合において，日本においてどのような課税が生じるのかという点については，アウトバウンド税制の範疇になる。

　なお，当然のことながら，外国においては，利益を日本に送金する際に，源泉税などの何らかの課税関係が生じることが多いため，外国におけるインバウンド税制についても一体的に考慮する必要がある（後述「5　外国の税制における一般的な留意事項」参照）。

(1) 外国税額控除

　内国法人が居住地国である日本ではなく，外国で経済活動を行うことにより所得を得る場合には，外国で課税関係が発生することがある。

　それに対して，日本の課税方式は全世界所得課税なので，外国で発生した所得についても課税対象になる。そのため，外国と日本で二重課税が発生する余地があるため，外国税額控除の制度が導入されており，外国で支払った外国法人税について，日本の法人税，住民税から控除することが可能となっており，所得税についても同様の取扱いが規定されている。

　基本的に，内国法人が外国税額控除の適用を受ける場面としては，①外国の支店等で所得が発生した場合，②外国法人から配当，利子等を受け取る際に，外国で源泉税が発生した場合の2つが多いと考えられる。さらに，外国子会社の売却に伴い，外国で譲渡益課税される場合にも，外国税額控除の適用が検討される（「第6章　海外から撤退する場合における有利・不利判定（ケーススタディ）」参照）。

　しかしながら，外国税額控除については，すべての外国法人税について税額控除の対象にすることができるわけではなく，高率な部分の金額については外

国税額控除の対象から除外されていたり，控除限度額が定められていたりするので，実務上，外国法人税について，外国税額控除をすべて適用できるのかどうかという点については，慎重な検討が必要になってくる。

> ※ ただし，事業税については，国外所得免除方式を採用しており，外国で発生した所得（外国支店に帰属する所得など）については課税されないことになっているので，基本的には，外国税額控除の問題は生じない。

(2) 外国子会社配当益金不算入制度

平成21年度税制改正により，外国子会社配当益金不算入制度が導入され，従前の間接税額控除の制度については，所要の経過措置を講じたうえで，廃止された。

外国子会社配当益金不算入制度は，外国子会社からの配当について，益金の額に算入しない（つまり，課税対象から除外する）ことにより国際的な二重課税を排除しようというものであり，国外所得免除方式に近い考え方である。

この場合における外国子会社とは，次に掲げる割合のいずれかが25％以上であり，かつ，その状態が配当等の支払義務が確定する日以前6月以上継続している場合のその外国法人をいう（法法23の2①，法令22の3①）。

① その外国法人の発行済株式等のうちにその内国法人が保有しているその株式等の占める割合

② その外国法人の発行済株式等のうちの議決権のある株式等のうちにその内国法人が保有しているその株式等の占める割合

> ※ ただし，租税条約により，上記の持分比率が25％未満に軽減されている場合がある（「(4) 租税条約の適用」参照）。

なお，外国子会社配当益金不算入制度のポイントとしては，以下の事項が挙げられる。

① 外国子会社からの配当について，その全額が益金不算入になるわけではなく，外国子会社から受ける配当等の額の95％部分についてのみが益金不

算入になる（法令22の3②）。
② 配当を支払う際に，外国において発生した源泉税等については，内国法人においては，損金の額に算入することもできないし，かつ外国税額控除の対象にすることもできないので，取り返すことができない。

このような制度になっていることから，M&Aのストラクチャーにおいても，買収後に発生した利益について，日本親法人に吸い上げる際に，どのようなやり方が望ましいのかという論点が生じる。すなわち，外国において発生した源泉所得税等が永久差異になってしまうことから，外国において発生する源泉税等が少なければ少ないほど，グローバル全体における税負担は軽減されるといえるからである。具体的には，以下のようなストラクチャーが考えられる。

■**具体例**

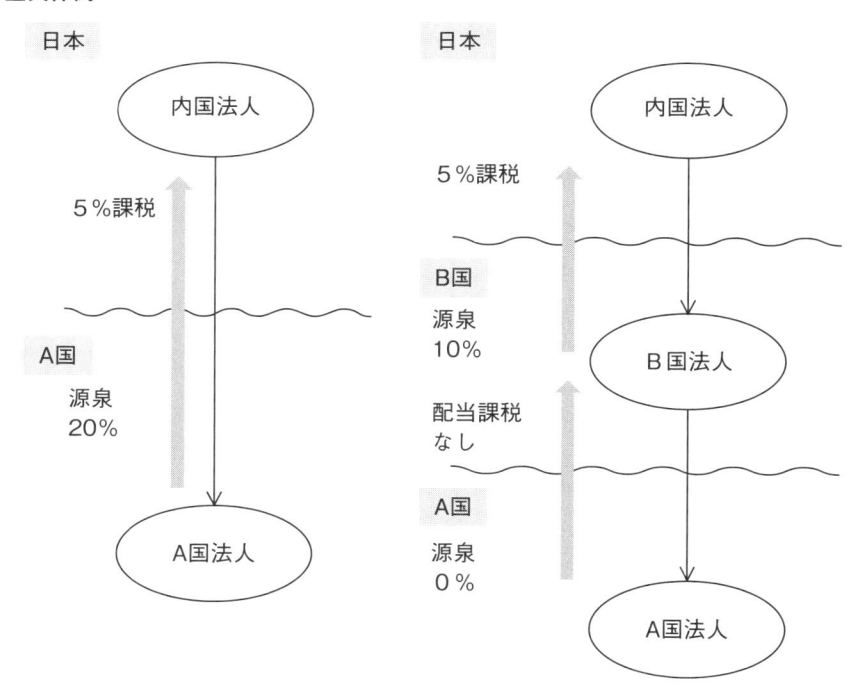

日本　　　　　　　　　　　　日本

内国法人　　　　　　　　　　内国法人

5％課税　　　　　　　　　　　5％課税

　　　　　　　　　　　　　　B国
A国　　　　　　　　　　　　　源泉
源泉　　　　　　　　　　　　　10％　　　B国法人
20％
　　　　　　　　　　　　　　配当課税
　　　　　　　　　　　　　　なし

　　　　　　　　　　　　　　A国
　　　　　　　　　　　　　　源泉
A国法人　　　　　　　　　　　0％　　　A国法人

上記のケースにおいては，A国から単純に内国法人に配当した場合には，A国において20％の源泉税が課されるため，100の配当を行った場合には，80のみが日本に送金されることになる。さらに，日本国内においては，外国子会社から受ける受取配当等の5％について課税されることから，実効税率が35％であるとすると，1.75（＝100×5％×35％）についての課税がなされるため，税引後の手取りとしては78.25となる。

　これに対し，B国を経由した場合には，A国法人からB国法人への配当については，A国とB国との間の租税条約において源泉税等が課されないため，A国においては源泉税等が発生しない。さらに，A国からの配当については，B国の国内法により，B国において課税関係が発生しない。そして，B国法人から内国法人への配当については，B国の国内法において源泉税等が10％と規定されているか，または，B国と日本との間の租税条約において10％まで軽減されているかのいずれかの理由により，10％の源泉税が課されるため，100の配当を行った場合には，90のみが日本に送金されることになる。さらに，日本国内においては，外国子会社から受ける受取配当等の5％について課税されることから，実効税率が35％であるとすると，1.75（＝100×5％×35％）についての課税がなされるため，税引後の手取りとしては88.25となる。

　このように，直接投資するよりも，第3国を経由して投資したほうが，税引後のキャッシュ・フローを大きくすることができるため，上記のような考え方は海外投資において重要な論点となっている。しかしながら，租税条約においては，トリーティー・ショッピング防止規定が設けられているものがあり，濫用的な適用については一定の制約が設けられているため，留意が必要である。

　※　外国子会社から受ける配当等の額の95％部分についてのみが益金不算入になる趣旨としては，配当等の額の5％部分については，日本国内で発生した経費に相当する金額であると考えられるため，その部分については課税対象とするということである。

　※　外国源泉税等について，損金の額に算入することもできず，外国税額控除の

対象にすることもできないという制度になっている趣旨としては，外国子会社配当益金不算入制度の導入により，内国法人においては日本で課税がなされていないことから，外国源泉税等については，もはや二重課税の問題は存在しないため，損金の額に算入することを認める必要もないし，外国税額控除の対象にする必要もないということである。

(3) タックス・ヘイブン対策税制

① 基本的な取扱い

タックス・ヘイブン対策税制（外国子会社合算税制）とは，税負担の著しく低い国に所在する子会社に多くの所得を帰属させることにより課税を逃れるという行為を防止するために，タックス・ヘイブンに所在する外国子会社の所得を，日本の親会社における法人税の課税所得の計算上，益金の額に算入させるという制度である。

なお，タックス・ヘイブン対策税制の適用対象となる子会社（特定外国子会社等）は，低税率国に所在し，日本資本が過半を占めるような会社をいい，このような会社の株式を10％以上保有すると，合算課税の対象となる可能性が生じることになる。

内国法人による外国法人の買収にあたって，タックス・ヘイブン対策税制が関係する局面としては，低税率国に所在する会社を買収する場合のほか，被買収会社が低税率国に所在する子会社を保有している場合などが考えられる。

② トリガー税率

税負担（租税負担割合）が著しく低いかどうかについては，税率が20％以下であるかどうかにより判定を行うが，わかりやすく大雑把な判定式を示すと，以下のようになる（措令39の14②）。なお，この20％の税率をトリガー税率という。

【20％以下かどうかの判定】

$$\frac{\text{現地において納付する法人税等}}{\text{現地の法令に基づく所得の金額＋現地の法令で非課税とされる所得}} \leq 20\%$$

　このように，分母には，「現地の法令で非課税とされる所得」が含まれているが，日本の法人税法においても，受取配当等の益金不算入が認められていることから，原則として，国内外の法人から受ける剰余金の配当等（みなし配当を含む）については，分母に算入する必要がない（措令39の14②一イ）。

　なお，実務上，「現地の法令で非課税とされる所得」が分母に含まれていることにより，例えば，株式譲渡益が非課税とされる国に所在する海外子会社については，多額の株式譲渡益を計上する場合，現地における法定税率が20％を超えているにもかかわらず，トリガー税率に抵触してしまう場合が問題となっているため，慎重な対応が必要になる。

※　トリガー税率の計算については，上記のほか，細かな規定がなされているが，M＆Aのストラクチャー構築における基本的な税務の理解としては，重要性が乏しいと考えられるため，本書においては詳細な解説は省略する。

③　適用除外

　タックス・ヘイブン対策税制については，租税回避行為を防止するための規定であることから，外国子会社が独立した企業としての実態を備えているなど，一定の合理性がある場合についてまで適用することは不合理であるため，以下に掲げるすべての要件を満たす場合には，タックス・ヘイブン対策税制が適用されないものとされている（措法66の6③）。

(i)　事業基準（主たる事業が株式等や債券の保有などの事業ではないこと）
(ii)　実体基準（本店所在地において固定施設を有していること）
(iii)　管理支配基準（事業の管理，支配および運営を行っていること）
(iv)　非関連者基準または所在地国基準
　　・非関連者基準

卸売業，銀行業，信託業，証券業，保険業，水運業または航空運送業である場合には，その事業を主として非関連者と行っていること。
- 所在地国基準
  非関連者基準が適用される業種以外の業種である場合には，主として，本店所在地国で事業を行っていること。

具体的な，適用除外基準の内容については，かなり事実認定の要素が強いものもあるが，M&Aのストラクチャー構築における基本的な税務の理解としては，「適用除外基準とはこういうものである」という理解よりも，「適用除外基準というものが存在する」という程度の理解で差し支えないと考えられるため，本書においては，詳細な解説は省略する。

④　**資産性所得合算課税制度**

平成22年度税制改正により，③で解説した適用除外基準を満たすような外国子会社であっても，配当，利子，使用料および船舶・航空機の貸付けなどといった資産性所得（資産を運用することにより生ずる所得）について，トリガー税率を下回るような外国子会社に帰属させるといった租税回避行為を防止するために，資産性所得合算課税制度が導入された（措法66の6④）。

なお，合算課税が適用され，日本の親会社の所得の計算上，益金の額に算入されるものは以下のとおりである。

(ⅰ)　持株割合が10％未満の株式からの配当，譲渡等から生じる所得
(ⅱ)　債券の利子，償還，譲渡等から生じる所得
(ⅲ)　一定の知的財産権の使用料から生じる所得
(ⅳ)　船舶，航空機の貸付けから生じる所得

なお，(ⅰ)(ⅱ)については，外国子会社が行う事業の性質上，重要で欠くことができない業務から生じたものを除くものとしており，かつ，(ⅰ)から(ⅳ)の合計額が少額である場合には，適用しないものとされている。

⑤ 外国子会社配当益金不算入制度との関連

　タックス・ヘイブン対策税制の適用を受けた場合には，外国子会社が獲得した所得については，すでに，日本の親会社における法人税の課税所得の計算上，益金の額に算入されていることから，外国子会社から日本の親会社に配当をした場合において，95％部分についてのみ益金不算入とし，残りの5％を益金算入とした場合には，5％部分について二重課税が生じてしまうため，合算課税の対象になった金額に達するまでの金額については，配当等の額の95％部分ではなく，配当等の額の全額について，益金の額に算入しないこととされている（措法66の8②）。

　※　厳密には，配当等の額の全額について益金の額に算入しないという規定にはなっておらず，配当等の額の5％部分について損金の額に算入するという規定になっているが，結果として算定される課税所得は変わらない。

　※　厳密には，タックス・ヘイブン対策税制については，直接保有割合が25％未満であっても適用される場面があり，例えば，15％を直接保有している場合には，外国子会社配当益金不算入制度との関連ではないため，合算課税の対象になった金額に達するまでの金額についてその全額が益金の額に算入されず，それを超えた部分の金額についてはその全額が益金の額に算入されるという整理になっている。

(4) 租税条約の適用

　アウトバウンド税制においては，外国の源泉税等が租税条約で軽減されるという点も重要になってくるが，以下の点についても重要な論点となる（後述「5　外国の税制における一般的な留意事項」参照）。

　① 主として，発展途上国との租税条約においては，外国税額控除について，みなし外国税額控除が適用される場合があり，実際に払った税額に加え，外国で減免された租税についても，納付したものとみなして外国税額控除を適用することができる。

　② 「(2)　外国子会社配当益金不算入制度」で解説した外国子会社に対する

持分比率を25％よりも低い持分比率に修正している場合がある。
③　主として，発展途上国との租税条約においては，タックス・ヘイブン対策税制におけるトリガー税率の判定を，外国子会社の所在地国で軽減され，または免除された外国法人税を分子に含めて行うことにより，タックス・ヘイブン対策税制の対象になりにくいようにしている。

(5) 移転価格税制

「3(5)移転価格税制」と同様の論点であるため，そちらを参照されたい。

5　外国の税制における一般的な留意事項

インバウンドM&Aを行う場合であっても，アウトバウンドM&Aを行う場合であっても，外国の税制が絡むため，それぞれのケースごとに詳細な検討を行う必要がある。

しかしながら，M&Aの対象となり得るすべての国の税制を理解するということはそもそも不可能であり，日本の税務専門家であっても，外国の税務専門家に確認したうえで，対応を行っているというのが実態である。

そのため，本書においては，M&Aにおいて多くの国で論点になりやすい点をまとめるに留めているが，実務上は，それぞれの国の税務専門家に確認するなどの対応を行う必要があるという点に留意が必要である。

(1) 無形資産，のれんの償却

日本の法人税法においては，資産調整勘定（税務上ののれん）というものが規定されており，5年間の均等償却を行うことにより，法人税の課税所得を圧縮することが可能になる（後述「7　日本における組織再編税制に関する規定」参照）。そして，資産調整勘定を認識することができるか否かという点については，ストラクチャーの選択において，重要な論点になってくる。

これに対し，外国の税制においては，日本の税制と同様に，無形資産，のれんの償却を認めている国もあれば，日本の税制と異なり，識別可能な無形資産

(例：特許権など)のみの償却を認め，のれんの償却を認めていない国もある。

その結果，事業譲渡等のスキームによりM＆Aを行ったとしても，日本国内でM＆Aを行った場合と異なり，のれんの償却による節税効果が期待できない場合も考えられるため，留意が必要である。

(2) 繰越欠損金

日本の法人税法においては，9年間の繰越欠損金の繰越しが認められているが，その使用については，課税所得の80％が限度とされている(「1　内国法人における課税関係(日本国内におけるM＆A)」参照)。そして，繰越欠損金が使用することができるのか否かという点については，ストラクチャーの選択において，重要な論点になってくる。

諸外国においても，繰越欠損金の制度を有する国も多いが，日本の法人税制と異なり，主要な株主の変更に伴い，繰越欠損金が切り捨てられてしまうという税制になっている国も存在する。そのため，M＆Aによる主要株主の交代については，繰越欠損金の切捨てのトリガーとなってしまう場面も考えられる。

さらに，日本の法人税法においては，組織再編に伴う繰越欠損金の使用制限が存在するが，諸外国においても類似の規定を有する国も存在する。

繰越欠損金を維持することができるのか，切り捨てられてしまうのかという点については，買収後のキャッシュ・フローに大きな影響を与えるため，実務上，慎重な対応が必要になってくる。

(3) 優遇税制

外国の税制においては，政策目的により優遇税制が設けられていることがある。日本でいう租税特別措置法に規定されている優遇税制というとわかりやすいと思うが，一定の研究開発を行っている企業や，経済特区において一定の産業を行っている企業に対して税制面で優遇をしようという趣旨である。

このような優遇税制については，企業ごとに適用されるため，M＆Aが行われたとしても継続されるべきであるが，主要株主が変わったことに伴い，優遇

税制の適用を受けることができない可能性がある。また，事業譲渡等の方式によりM&Aを行った場合においても，譲受法人において新たに優遇税制の適用を受けることができない場合があり得る。

そのため，M&Aを行ったことにより，優遇税制の適用を継続することができるのか否か，ストラクチャーの変更により結論が変わるのか否かという点については，慎重な検討が必要になってくる。

(4) 株式譲渡益，配当に対する課税

日本法人が外国子会社を売却する場合において，外国で株式譲渡益，受取配当金（みなし配当を含む）についてどのような税金が課されるのかという点については，例えば，受取配当金に対する外国法人税については，基本的に，日本で外国税額控除の適用を受けることができず，さらに，株式譲渡益に対する外国法人税について，日本で十分に外国税額控除の適用を受けることができない場合も考えられることから，重要な論点になることが多い（「4　アウトバウンド税制」参照）。

これに対し，外国法人が日本子会社を売却する場合には，日本のインバウンド税制についても問題になるが，外国法人がその所在地国においてどのような課税を受けるのかという点も問題になる。例えば，諸外国には，株式譲渡益に対する課税がなされない国が存在し，そのような国の法人が日本子会社を売却する場合には，日本国内での課税関係が比較的少ない方式を採用することを望むことが多い。そのため，純粋な国内におけるM&Aであれば，事業譲渡や会社分割の方式が望ましい場合であっても，事業譲渡または会社分割により対象法人において譲渡益が発生してしまうと，売り手にとって極めて不利な結論になってしまい，株式譲渡方式によりM&Aが行われるという結論になりやすい（特に，租税条約により，株式譲渡益に対する日本の課税権が排除されている場合）。

このように，株式譲渡，受取配当金に対する税制については，租税条約の検討とともに，インバウンド税制，アウトバウンド税制のいずれにもつながる話

であると同時に，日本の税法と大きく異なる場面もあるため，留意が必要である。

例えば，被買収会社（日本法人）から買収会社（譲受法人）に対して事業を譲渡した後に被買収会社を清算する事業譲渡方式では，被買収会社において，事業譲渡益について課税され，受取配当金については，日本とA国との租税条約により日本では課税されず，A国の国内法によりA国では課税されない。

これに対し，株式譲渡方式では，被買収会社（日本法人）では何ら課税関係が生じず，株式譲渡益についても，日本とA国との租税条約により日本では課税されず，A国の国内法によりA国でも課税されない。

■具体例
① 事業譲渡方式

```
                      A国法人                              A国
                         │
          A国の税制により受取配当
          金は非課税
━━━━━━━━━━━━━━━━━━━━━━━━━━━━━━━━━━━━━━━━━━━━━━━━
     清算分配金   日本とA国との租税条約に           日本
                 より，源泉税は課されない
                         │
                         ▼        事　業
                      日本法人  ────────→  譲受法人
                         │      ←────────
                      譲渡益認識    現　金
```

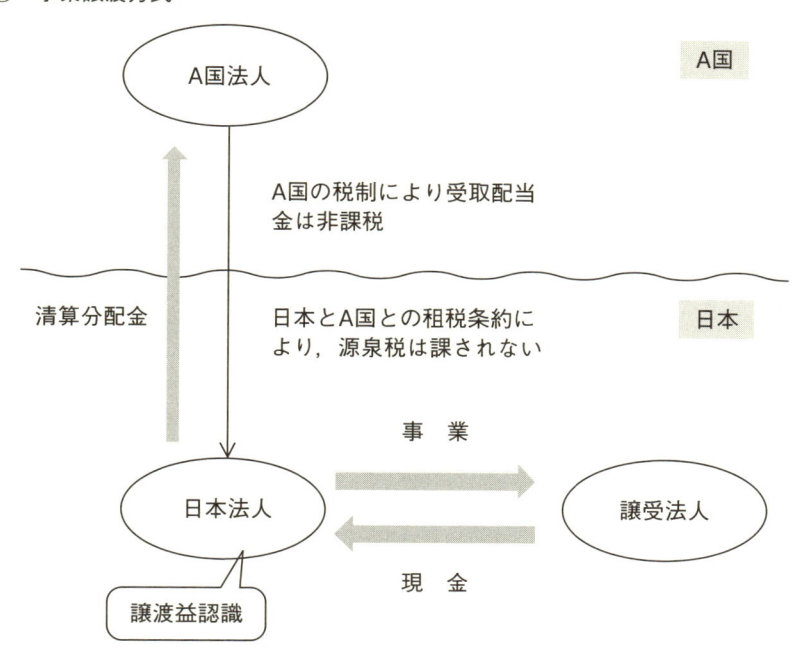

② 株式譲渡方式

A国　A国法人　A国の税制により株式譲渡益は非課税

現　金

株　式

日本　日本とA国との租税条約により，株式譲渡益は日本で課税されない　買収会社

日本法人　日本法人

　そのため，事業譲渡方式によると，第3章以降で解説するように，譲受法人において資産調整勘定（税務上ののれん）を認識することができるというメリットがある反面，売り手において，株式譲渡方式であれば何ら課税が生じなかったにもかかわらず，事業譲渡方式により事業譲渡益課税が生じてしまっているため，株式譲渡方式によるスキームを選択せざるを得ないケースが多い。

(5) 事業体課税

　日本の法制度では，株式会社のほか，有限会社，持分会社（合名会社，合資会社，合同会社），任意組合，LLPなどがある。

　租税法上は，株式会社，有限会社，持分会社のような法人については，その法人格について法人税を課税するが，任意組合，LLPのように，組合そのものに所有権が帰属しない場合には，その組合員に課税が生じることになる（「パ

ス・スルー課税」という）。

　これに対し，諸外国には，その国の法制度に基づいて，法人や組合に関する規定が設けられているが，日本の法制度とは違う取扱いも存在し得る。例えば，諸外国の租税法では組合として組合員で課税されるべきものが，日本の法人税法では法人としてその法人格で課税されてしまうということが考えられる。そうなってしまうと，外国では支店（日本法人の外国支店）と同様に課税されておきながら，日本では配当されるまで課税されないという事態になり，課税関係が極めて複雑になるという問題が生じる。

　そのため，外国法人を買収する場合には，その所在地国において，「法人」として取り扱われているのか否かという点について，留意する必要がある。

(6) その他の留意事項

　このように，日本と諸外国の税制については，似ている面もあるが，異なる面も多いため，実務にあたっては現地の税務専門家に確認をする必要がある。ただし，本章においていくつか述べた日本の税制，特に，「3　インバウンド税制」，「4　アウトバウンド税制」については，諸外国においても類似の制度を導入しているケースが多く，日本の税制を理解することが，諸外国の税制を理解する場合における一助になる場面が多い。

　また，「外国子会社配当益金不算入制度」のような二重課税の回避のための規定については，我が国では，平成21年度税制改正前においては，「間接税額控除」という制度を採用しており，諸外国においては，未だに，間接税額控除の制度を採用している国も存在するが，制度趣旨を理解すれば，まったく同じ制度はなかったとしても，似たような制度は存在するはずであるという当たりをつけることが可能になる。むろん，Ｍ＆Ａのストラクチャーの構築においては，第3章以降で解説するように，数値分析が重要になってくるため，詳細な規定が異なれば，結論が異なってくる可能性は否めない。そのため，実務上は，現地の税務専門家に確認を取りながら慎重に検討をする必要があるものの，基本的な思考回路については，どの国の企業が絡むＭ＆Ａにおいても，それほど

大きな差はないと考えておいていただくと，クロスボーダーM＆Aを勉強する際についての心理的なハードルは低くなると思われる。

6 資本税制

会社法の施行により，自己株式の取得や減資の考え方が整備され，税法上も，それに合わせた対応がなされている。

クロスボーダーの取引においても，外国法人が自己株式の取得を行ったり，減資を行ったりすることから，その株主である内国法人，居住者が，外国においてどのような課税がなされるのか，日本においてどのような課税がなされるのかについては慎重な検討が必要になる。また，内国法人が自己株式の取得を行ったり，減資を行ったりする場合において，その株主である外国法人，非居住者がどのような課税がなされるのかについても同様に慎重な検討が不可欠である。

ここでは，日本国内の税法についてのみ解説を行うが，外国の税法についても，実務上，外国の税務専門家に確認をしつつ，慎重な対応をとることが必要になってくることはいうまでもない。

(1) 減　　資

旧商法と異なり，会社法においては，有償減資については，①資本金の額の減少によるその他資本剰余金の増加と，②その他資本剰余金を原資とした剰余金の配当または自己株式の買取りに整理されており，実際に，法人税または所得税への影響が出る時点は，その他資本剰余金を原資とした剰余金の配当または自己株式の買取りが行われる時点となっている。

すなわち，会社法上，減資については，資本金の額からその他資本剰余金への振替にすぎないので，その時点において課税関係は生じない。しかしながら，外国法人による有償減資については，現地の会社法に準拠して行われることから，その株主に対して金銭が交付される場合が考えられるため，日本の租税法上，株式の消却を伴う場合には自己株式の取得が行われたものとして考え，株

式の消却を伴わない場合にはその他資本剰余金を原資とした配当が行われたものとして整理することが一般的であると考えられる。

(2) 自己株式の取得

発行法人が自己株式を取得することにより，その株主が金銭等の交付を受けた場合には，交付を受けた金銭等の時価からその交付の基因となった当該法人の株式に対応する部分の金額を超えるときは，その超える部分の金額については，みなし配当として取り扱われる（法法24①四，所法25①四）。

例えば，発行法人が発行済株式総数の10％の自己株式を取得することにより，その株主が200,000千円の金銭の交付を受けた場合において，発行法人の資本金等の額が50,000千円であるときは，交付の基因となった自己株式に対応する資本金等の額は5,000千円（＝50,000千円×10％）であるため，差額の195,000千円がみなし配当として取り扱われることになる。そのため，その株主においては，みなし配当として処理された部分については，法人株主であれば受取配当等の益金不算入の規定が適用され，個人株主であれば配当所得として課税対象になる。

さらに，金銭等の交付を受けた株主にとっては，有価証券の譲渡取引であることから，みなし配当の計算だけでなく，有価証券の譲渡損益の計算をする必要がある。しかし，有価証券の譲渡損益を計算する際に，譲渡対価の額（200,000千円）からみなし配当に相当する金額（195,000千円）を控除することとなっているため，上記のケースでは5,000千円を譲渡収入として計算する。すなわち，譲渡原価が3,000千円である場合には，差額の2,000千円が株式譲渡益として処理されることになる。

このように，発行法人が自己株式を取得することにより，その株主が金銭等の交付を受けた場合には，みなし配当と株式譲渡損益の両方の計算を行う必要があるという点につき，ご留意いただきたい。

(3) その他資本剰余金を原資とする配当

① 配当金を支払った発行法人における取扱い

その他資本剰余金を原資として配当を行った場合には，プロラタ方式により，受け取った配当金の一部を資本の払戻しとして処理し，残りの一部をみなし配当として処理することになる。すなわち，資本の払戻しとして処理された部分の金額は資本金等の額の減少として取り扱われ，みなし配当として処理された部分の金額は利益積立金額の減少として取り扱われる。

具体的な資本金等の額と利益積立金額の減少額は以下のとおりである。

(i) 資本金等の額の減少（法令8①十六）

$$減少する資本金等の額 = 資本の払戻しの直前の資本金等の額 \times \frac{ロ}{イ}$$

イ＝資本の払戻しの日の属する事業年度の前事業年度終了の時の簿価純資産価額
ロ＝資本の払戻しにより減少したその他資本剰余金の額

※ 厳密には，分母または分子がマイナスの場合や，期中に増減資を行った場合などについて細かな規定がなされているが，本書においては解説を省略する。

(ii) 利益積立金額の減少（法令9①十一）

$$減少する利益積立金額 = 交付した金銭等の時価 - 減少する資本金等の額$$

【発行法人における仕訳】

| (資本金等の額) | ××× | (現　金　預　金) | ××× |
| (利益積立金額) | ××× | (預り源泉所得税) | ××× |

※ その他資本剰余金を原資とする配当を行った場合には，みなし配当の金額の20％について，源泉所得税の徴収が必要になる（所法181，182）。

② 配当金を受け取った株主における取扱い

前述のように，その他資本剰余金を原資として配当を行った場合には，プロラタ方式により，受け取った配当金の一部を資本の払戻しとして処理し，残りの一部をみなし配当として処理することになる。そのため，その株主においては，みなし配当として処理された部分については，法人株主であれば受取配当等の益金不算入の規定が適用され，個人株主であれば配当所得として課税対象になる。単純化のため，株主が1人であると仮定した場合におけるみなし配当の金額の計算式は以下のようになる。

【みなし配当の金額】

> みなし配当の金額（法法24①三，法令23①三，所法25①三，所令61②三）
> ＝交付を受けた金銭等の時価－発行法人で減少する資本金等の額

> ※ 実際には，株主が複数存在するケースが多いため，「発行法人で減少する資本金等の額」を株式数で按分するなど，もう少し計算は複雑になるが，まずは，発行法人で減少する利益積立金額に相当する部分の金額がみなし配当になるという理解をしていただきたい。

これに対し，資本の払戻しとして処理された部分の金額については，株式譲渡損益が発生する余地がある。なぜならば，譲渡収入の金額については，交付を受けた金銭等の時価からみなし配当の金額を控除することにより算定されるのに対し，譲渡原価の金額については，以下のように計算を行うからである（法令119の9①，所令114①）。

【譲渡原価の計算】

> 譲渡原価の金額 ＝ 資本の払戻しの直前の所有株式の帳簿価額 × $\dfrac{ロ}{イ}$
>
> イ＝資本の払戻しの日の属する事業年度の前事業年度終了の時の簿価純資産価額
> ロ＝資本の払戻しにより減少した資本剰余金の額

上記の結果，その他資本剰余金を原資とする配当を受けた株主における仕訳は以下のとおりとなる。なお，実務上は，具体的な数値を入れて分析をする必要があることはいうまでもないが，クロスボーダーの取引においては，為替の影響もあり，純粋国内間の取引に比べて計算が煩雑になりやすく，さらに，日本の法人税法上の資本金等の額や簿価純資産価額を基礎に計算するため，実務上，どのように計算するのかという点が問題になりやすい。ストラクチャー構築における基本的な理解としては，一部は資本の払戻しとして処理し，一部はみなし配当として処理するということをまずはご理解いただきたい。

【その他資本剰余金を原資として配当金を受け取った株主における仕訳】

（現　金　預　金）	×××	（有　価　証　券）	×××
（未　収　源　泉　税）	×××	（受　取　配　当　金）	×××
		（株 式 譲 渡 損 益）	×××

(4) グループ法人税制の適用

平成22年度税制改正が行われ，完全支配関係（100％グループ関係）のある内国法人間で自己株式の買取りやその他資本剰余金を原資とする配当を行った場合には，(2)(3)で解説した株式譲渡損益を認識せずに，税務上の資本金等の額の増減として処理することになった（法法61の2⑯）。具体的には，以下の仕訳のとおりである。

【グループ法人税制の適用】

（現　金　預　金）	×××	（有　価　証　券）	×××
（未　収　源　泉　税）	×××	（受　取　配　当　金）	×××
		（資 本 金 等 の 額）	×××

なお，外国子会社との取引においては，グループ法人税制が適用されず，株式譲渡損益が認識されることになるため，留意が必要である（「第7章5　外国子会社の清算，6　外国子会社によるその他資本剰余金を原資とする配当」

参照)。

7　日本における組織再編税制に関する規定

　平成13年度税制改正により，組織再編税制が導入され，適格組織再編成と非適格組織再編成とに分けて整理されることになった。

　その後，平成18年度税制改正における株式交換・移転税制の改正，平成22年度税制改正における適格現物分配の制度の導入が行われたことから，現在の法人税法において，組織再編税制に分類されるものは，合併，会社分割，現物出資，株式交換，株式移転および現物分配の6つである。

(1)　概　　要

①　合併，分割，現物出資および事業譲渡

　平成13年度に組織再編税制が導入されたことにより，合併，会社分割および現物出資については，適格組織再編成と非適格組織再編成とに分けて整理されることとなった。すなわち，適格合併に該当した場合には被合併法人の資産および負債を合併法人に簿価で引き継ぐことになり，非適格合併に該当した場合には被合併法人の資産および負債を合併法人に時価で移転することになる。なお，実務上，税制適格要件を満たすことにより，適格合併に該当した場合に簿価で資産および負債を移転することができる任意規定であるとの勘違いがあるが，適格合併に該当した場合には簿価で資産および負債を移転しなければならないという強制規定であるという点に留意が必要である。

　また，会社分割および現物出資についても同様に，適格組織再編成に該当した場合には資産および負債を簿価で移転し，非適格組織再編成に該当した場合には資産および負債を時価で移転することになる。

　さらに，事業譲渡については組織再編税制の対象外となっているが，後述するように，適格組織再編成に該当するためには，金銭等の交付がないことが要件となっていることから，対価として金銭等を交付することが通例である事業譲渡は非適格組織再編成と同様の取扱いとなっている。すなわち，事業譲渡法

人の資産および負債を時価で事業譲受法人に移転することとなる。

② 株式交換・移転

平成18年度税制改正により，平成18年10月1日以降に行われる株式交換および株式移転のうち，税制適格要件を満たさない株式交換および株式移転（100％グループ内で行われる株式交換および株式移転を除く）については，株式交換完全子法人または株式移転完全子法人の有する資産に対して時価評価課税が課されることとなった（法法62の9）。

なお，合併，分割および現物出資における取扱いと異なり，株式交換完全子法人（または株式移転完全子法人）の保有する繰越欠損金に対する使用制限，特定資産譲渡等損失の損金不算入については，特に規定が設けられていない。

③ 現物分配

現物分配（現物配当）を行った場合には，現物分配法人の保有する資産を時価で被現物分配法人に移転する必要がある。

これに対し，平成22年度税制改正により，適格現物分配の制度が導入され，適格現物分配に該当した場合には，現物分配法人の保有する資産を簿価で被現物分配法人に移転することになった（法法62の5③④）。

(2) 税制適格要件

合併における税制適格要件は，①グループ内の適格合併，②共同事業を営むための適格合併の2つに大別される。また，①グループ内の適格合併は，(i)100％グループ内の適格合併と，(ii)50％超100％未満グループ内の適格合併に分けられる。その具体的な内容は次頁の表のとおりである（法法2十二の八）。

つまり，発行済株式のすべてを保有する関係にあるグループ内で合併を行った場合には，金銭等不交付要件を満たせば，税制適格要件を満たすことになり，発行済株式総数の50％超100％未満を保有する関係にあるグループ内で合併を行った場合には，（イ）金銭等不交付要件，（ロ）従業者引継要件，（ハ）事業

■税制適格要件

①(i)100％グループ内	①(ii)50％超100％未満	②共同事業
（イ）金銭等不交付要件	（イ）金銭等不交付要件 （ロ）従業者引継要件 （ハ）事業継続要件	（イ）金銭等不交付要件 （ロ）従業者引継要件 （ハ）事業継続要件 （ニ）事業関連性要件 （ホ）規模要件または経営参画要件 （ヘ）株式継続保有要件

継続要件を満たせば，税制適格要件を満たすという整理になる。

会社分割，現物出資，株式交換および株式移転についても類似の判定を行うが，それぞれの組織再編成の態様が異なることから，細かな部分においては，税制適格要件の内容が異なっている（法法２十二の十一，十二の十四，十二の十六，十二の十七）。

さらに，現物分配については，事業の移転を前提としていないため，100％グループ内の適格現物分配についてのみ規定されている（法法２十二の十五）。

(3) 繰越欠損金と特定資産譲渡等損失

① 繰越欠損金の引継ぎ

適格合併を行った場合には，被合併法人の保有する繰越欠損金を合併法人に引き継ぐことができるが，非適格合併を行った場合には，被合併法人の保有する繰越欠損金を合併法人に引き継ぐことができず，被合併法人において切り捨てられる結果となる。

これに対して，会社分割，現物出資，事業譲渡を行った場合には，分割法人，現物出資法人，事業譲渡法人が解散するわけではないことから，適格組織再編成に該当する場合であっても，非適格組織再編成に該当する場合であっても，原則として，分割法人，現物出資法人，事業譲渡法人の繰越欠損金を引き継ぐことはできない。

② 繰越欠損金の引継制限

　前述のように，適格合併に該当した場合には被合併法人の繰越欠損金を引き継ぐことが認められているが，繰越欠損金の不当な利用を防止するために，支配関係（＝50％超のグループ関係）が生じてから5年を経過していない法人と適格合併を行った場合には，繰越欠損金の引継制限が課される（法法57③）。

　しかしながら，支配関係が生じてから5年を経過していない場合であっても，租税回避目的ではないと考えられるケースも存在し，①みなし共同事業要件を満たす場合，②時価純資産超過額が繰越欠損金以上である場合については，それぞれ繰越欠損金の引継制限が課されないこととされている。

　具体的に繰越欠損金の引継制限が課されるか否かについては，次頁のフローチャートにより判定される。

③ 繰越欠損金の使用制限

　前述のように，適格合併の場合には，被合併法人の繰越欠損金を引き継ぐことができるが，一定の引継制限が課されている。

　しかし，被合併法人の繰越欠損金のみに制限を課し，合併法人の繰越欠損金に何ら制限を課さない場合には，逆さ合併を行うことにより，買収してきた法人の繰越欠損金を不当に利用するような租税回避行為が考えられる。

　そのため，被合併法人から引き継いだ繰越欠損金だけでなく，合併前に合併法人が保有していた繰越欠損金についても同様の使用制限が課されており，次頁のフローチャートと同様の方法により，使用制限が課されるか否かの判定を行っていくことになる（法法57④）。

　さらに，適格分割，適格現物出資および適格現物分配を行った場合において，分割承継法人，被現物出資法人および被現物分配法人が繰越欠損金を保有しているときについても，同様の趣旨により，これらの繰越欠損金についても使用制限が課されている。

　これに対し，株式交換・移転を行った場合には，一方の法人の繰越欠損金と他方の法人の利益を相殺することができないため，繰越欠損金の使用制限は課

■繰越欠損金の引継制限の判定フローチャート

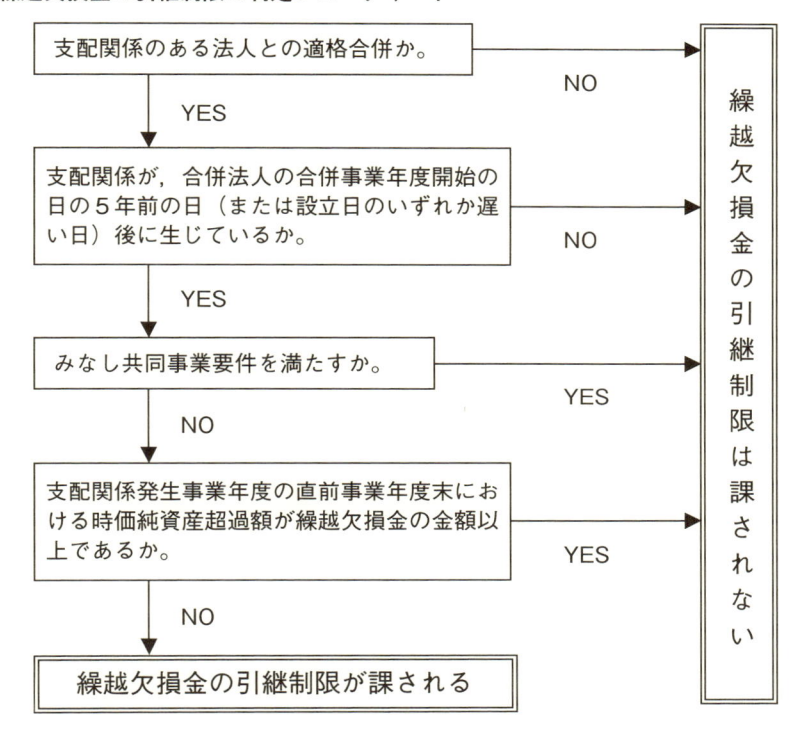

```
┌─────────────────────────────┐
│ 支配関係のある法人との適格合併か。        │──NO──┐
└─────────────────────────────┘      │
              │YES                    │
              ▼                       │
┌─────────────────────────────┐      │
│ 支配関係が，合併法人の合併事業年度開始の   │      │
│ 日の5年前の日（または設立日のいずれか遅  │──NO──┤  繰
│ い日）後に生じているか。              │      │  越
└─────────────────────────────┘      │  欠
              │YES                    │  損
              ▼                       │  金
┌─────────────────────────────┐      │  の
│ みなし共同事業要件を満たすか。         │──YES─┤  引
└─────────────────────────────┘      │  継
              │NO                     │  制
              ▼                       │  限
┌─────────────────────────────┐      │  は
│ 支配関係発生事業年度の直前事業年度末にお  │      │  課
│ ける時価純資産超過額が繰越欠損金の金額以  │──YES─┤  さ
│ 上であるか。                       │      │  れ
└─────────────────────────────┘      │  な
              │NO                     │  い
              ▼                       │
┌─────────────────────────────┐      │
│ 繰越欠損金の引継制限が課される          │      │
└─────────────────────────────┘      │
```

※　平成22年度税制改正前においては，グループ内で設立した法人に対しても，設立の日に支配関係（50％超のグループ関係）が発生したとして，繰越欠損金の引継制限が課されていた。
　しかしながら，平成22年度税制改正において，設立してから5年を経過していない場合において，設立の日から合併事業年度開始の日まで支配関係が継続しているときは，原則として，繰越欠損金の引継制限が課されないこととされた。

されていない。

　なお，非適格組織再編成を行った場合についても，100％グループ内で非適格合併を行う場合を除き，時価で資産および負債を移転することから，一方の法人の繰越欠損金と他方の法人の利益を相殺することができないため，繰越欠損金の使用制限は課されていない。

④ 特定資産譲渡等損失の損金不算入

　上記のように，適格組織再編成を行った場合には，資産および負債を簿価で移転することになる。そのため，組織再編成の一方の当事者が保有する資産の含み益と他方の当事者が保有する資産の含み損を不当に相殺することが考えられる。

　そのため，支配関係が生じてから5年を経過しない法人との間で適格合併，適格分割，適格現物出資および適格現物分配を行った場合には，特定引継資産（被合併法人，分割法人，現物出資法人および現物分配法人から引き継いだ資産をいう）または特定保有資産（合併法人，分割承継法人，被現物出資法人および被現物分配法人が保有していた資産をいう）の譲渡，評価換え，貸倒れ，除却その他これらに類する事由から生じた損失について，特定資産譲渡等損失の損金不算入が課されている。

　なお，繰越欠損金の引継制限・使用制限と同様に，すべてのケースについて特定資産譲渡等損失の損金不算入が課されるわけではなく，具体的には，次頁のフローチャートにより判定が行われる。

　これに対し，株式交換・移転を行った場合には，一方の法人が保有する資産の含み損と他方の法人の利益を相殺することができないため，特定資産譲渡等損失の損金不算入は課されていない。

　なお，非適格組織再編成を行った場合についても，100％グループ内で非適格合併を行う場合を除き，一方の法人が保有する資産の含み損と他方の法人の利益を相殺することができないため，特定資産譲渡等損失の損金不算入は課されていない。

■特定資産譲渡等損失の損金不算入の判定フローチャート

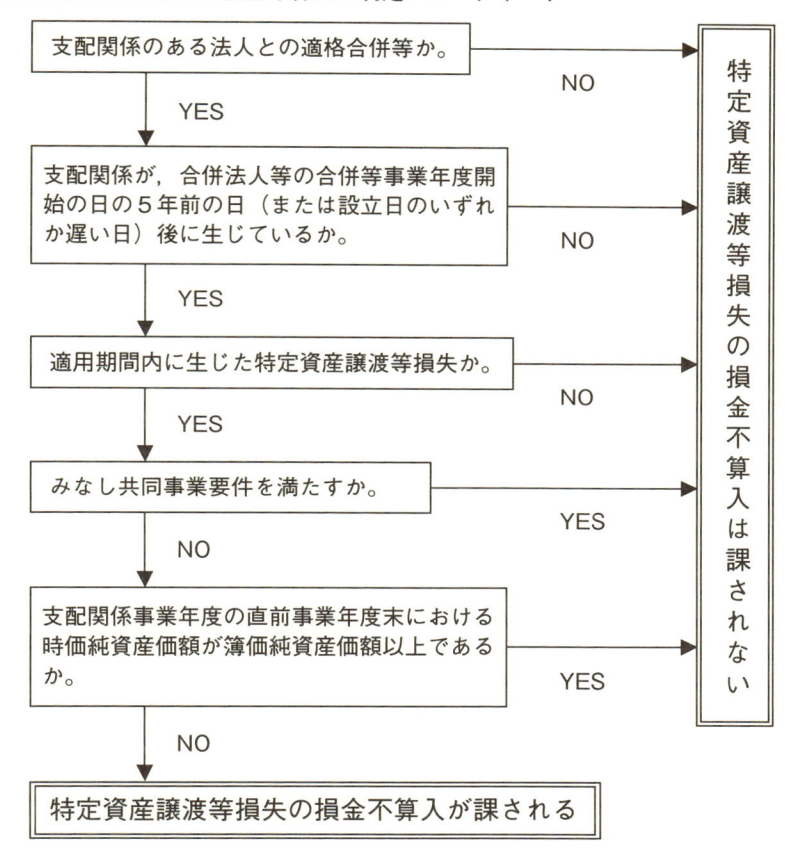

```
┌─────────────────────────────┐
│ 支配関係のある法人との適格合併等か。 │──NO──┐
└─────────────────────────────┘      │
          │YES                         │
          ▼                            │
┌─────────────────────────────┐      │
│ 支配関係が，合併法人等の合併等事業年度開 │      │
│ 始の日の5年前の日（または設立日のいずれ │──NO──┤
│ か遅い日）後に生じているか。          │      │
└─────────────────────────────┘      │
          │YES                         │
          ▼                            │
┌─────────────────────────────┐      │   ┌──────┐
│ 適用期間内に生じた特定資産譲渡等損失か。 │──NO──┤   │特定  │
└─────────────────────────────┘      │   │資産  │
          │YES                         │   │譲渡  │
          ▼                            ├──▶│等損  │
┌─────────────────────────────┐      │   │失の  │
│ みなし共同事業要件を満たすか。        │──YES─┤   │損金  │
└─────────────────────────────┘      │   │不算  │
          │NO                          │   │入は  │
          ▼                            │   │課さ  │
┌─────────────────────────────┐      │   │れな  │
│ 支配関係事業年度の直前事業年度末における │      │   │い    │
│ 時価純資産価額が簿価純資産価額以上であるか。│─YES─┘   └──────┘
└─────────────────────────────┘
          │NO
          ▼
┌─────────────────────────────┐
│ 特定資産譲渡等損失の損金不算入が課される │
└─────────────────────────────┘
```

(4) 資産調整勘定と負債調整勘定

　平成18年度税制改正前の非適格合併における取扱いは，事業譲受に係る取扱いと基本的に同じであると考えられていたことから，営業権や各種引当金に係る取扱いについては規定されていなかった。

　これに対し，新会社法の施行に伴い，企業結合に係る会計基準（現在の企業結合に関する会計基準），事業分離等に関する会計基準が平成18年4月1日か

ら施行されたことから，それに応じた改正が法人税法においても必要となった。さらに，退職給付引当金に係る取扱いについては明確化されていないことから，実務上の混乱が多々生じていた。

そのような背景から，資産調整勘定および負債調整勘定の概念が導入され，制度の明確化が図られた。具体的には，以下のものが規定されている。

① 資産調整勘定
② 差額負債調整勘定
③ 退職給与負債調整勘定
④ 短期重要負債調整勘定

これらの基本的な考え方については，企業結合に関する会計基準におけるパーチェス法の考え方に類似しているといわれており，それぞれ，以下の概念に対応していると考えられる。

法人税法	会　計
資産調整勘定	のれん
差額負債調整勘定	負ののれん
退職給与負債調整勘定	退職給付引当金
短期重要負債調整勘定	特定勘定

しかし，会計上の概念をそのまま法人税法上も採用するということはできないため，部分的な修正も行われている。

なお，上記のうち，ストラクチャーの分析において重要性が高いものは，資産調整勘定と差額負債調整勘定である。

企業買収，グループ内再編において，資産調整勘定または差額負債調整勘定が認識される場合には，ストラクチャーの実行後において，これらの資産調整勘定または差額負債調整勘定を償却することにより，損金の額または益金の額に算入されることになる。

なお，資産調整勘定，差額負債調整勘定の償却については，会計上の損金経理に関係なく，5年間の均等償却（法法62の8③〜⑧）により行われる。

(5) 譲渡損益の繰延べ

平成22年度税制改正により，完全支配関係がある法人との間において資産の譲渡を行った場合には，当該資産の譲渡損益を繰り延べることになった（法法61の13）。

その結果，譲受法人において，当該資産の譲渡，評価換え，除却，貸倒れその他これらに類する事由が生じた時まで，譲渡法人において，譲渡損益が繰り延べられ，これらの事由が生じた時に譲渡損益が実現することになる。

また，この場合における「完全支配関係」とは，一方の法人が他方の法人の発行済株式の全部を保有している場合だけでなく，同一の者によって，一方の法人と他方の法人の発行済株式の全部を保有されている場合も含まれる。

なお，組織再編税制と異なり，資産および負債を簿価で譲渡するのではなく，譲渡法人において譲渡損益を繰り延べるにすぎないことから，一方の法人が保有している繰越欠損金または資産の含み損と，他方の法人が保有している資産の含み益とを相殺することはできないため，譲渡損益の繰延べが行われる非適格合併を除き，繰越欠損金の使用制限および特定資産譲渡等損失の損金不算入は課されていない。

(6) 株主課税

① 合併，分割型分割における課税関係

合併を行った場合には，被合併法人の株主が保有している被合併法人株式に対して，合併対価資産が交付されるため，被合併法人，合併法人だけでなく，被合併法人の株主に対しても課税関係を生じさせる必要がある。この点については，分割型分割を行った場合についても同様である。

なお，合併を行った場合であっても，分割型分割を行った場合であっても，被合併法人の株主または分割法人の株主において，みなし配当が発生するという点に特徴がある。具体的には，金銭等の交付がない場合にはみなし配当が発生し，金銭等の交付がある場合には，みなし配当および株式譲渡損益が発生す

るという課税関係になる。

【被合併法人の株主】
(i) 金銭等の交付がない場合

（合併対価資産）	×××	（被合併法人株式）	×××
		（みなし配当）	×××

(ii) 金銭等の交付がある場合

（金銭等）	×××	（被合併法人株式）	×××
		（みなし配当）	×××
		（株式譲渡利益）	×××

　これに対し，適格合併または適格分割型分割を行った場合には，みなし配当も株式譲渡損益も発生しない（法法24①，61の2②④，所法25①，措法37の10③）。

　ストラクチャーの分析においては，現金交付型の組織再編成を行う場合を除き，株主において課税関係を生じさせる組織再編成を行うことが困難なケースが多く，非適格組織再編成が有利であると判断される場合であっても，適格組織再編成による手法を選択せざるを得ないケースも多い。

　※　なお，株主間贈与が生じる場合，例えば，時価と異なる合併比率により組織再編成を行う場合においても，別途，株主間贈与に係る課税関係を検討する必要があるため，ご留意されたい。

② 株式交換・移転における課税関係

　株式交換を行った場合には，株式交換完全子法人の株主は，株式交換完全子法人株式を譲渡し，対価を受領したものとして考えるため，原則として，株式譲渡益を認識する必要がある。これは，株式移転を行った場合についても同様である。

　なお，合併や分割型分割と異なり，株式交換完全子法人からの交付を受けたものとみなす旨の規定がないことから，非適格株式交換・移転に該当する場合

であっても，みなし配当を認識する必要はない。

これに対し，株式交換完全親法人株式のみを交付する株式交換，株式交換完全親法人の100％親会社の株式のみを交付する三角株式交換，株式移転完全親法人株式のみを交付する株式移転を行った場合には，交付を受けた株主については担税力がないことから，株式譲渡損益を認識しないこととされている（法法61の2⑨⑪，所法57の4①②）。

そのため，現金交付型株式交換のような特殊な事例を除き，通常の株式交換・移転を行う場合には，株主課税が課されないことが多いと考えられる。

※　なお，株主間贈与が生じる場合，例えば，時価と異なる交換比率により組織再編成を行う場合には，法人税および所得税の問題のほか，贈与税の問題も生じるため，ご留意されたい。

(7) 完全子会社の清算における繰越欠損金の引継ぎ

平成22年度税制改正前においては，100％子会社を解散し，残余財産が確定した場合には，親会社から子会社に対する株式が消却され，当該子会社株式の消却による損失については，親会社における課税所得の計算上，損金の額に算入することが可能であった。

これに対し，グループ法人税制の導入に伴い，内国法人が発行済株式の全部を保有する100％子会社（内国法人に限る）を解散した場合には，当該100％子会社に対する株式消却損を認識することができない一方で（法法61の2⑯），当該100％子会社の繰越欠損金を親会社に引き継ぐことができるようになり（法法57②），100％子会社との適格合併を行った場合の取扱いに足並みをそろえることになった。

しかしながら，適格合併を行った場合と同様に，支配関係発生日から繰越欠損金を引き継ぐことができる事業年度開始の日（残余財産の確定の日の翌日の属する事業年度開始の日）まで5年を経過していない場合には，繰越欠損金の引継制限が課されるという点に留意が必要である（法法57③）。

これに対し，親会社の繰越欠損金については，子会社を清算したことに伴い，

適格現物分配により残余財産を移転した場合には，親会社の繰越欠損金と子会社の資産の含み益を相殺することが可能であるため，繰越欠損金の使用制限が課されているが（法法57④），適格組織再編成以外の手法により残余財産を移転した場合には，親会社の繰越欠損金と子会社の資産の含み益を相殺することができないため，通常のケースにおいては，繰越欠損金の使用制限は課されていない。

なお，グループ法人税制の適用については，内国法人間の取引に限定されているため，内国法人の子会社である外国法人が解散をした場合や，外国法人の子会社である内国法人が解散した場合については，グループ法人税制は適用されず，株式譲渡損益を認識する必要があり，かつ，繰越欠損金の引継ぎは認められないという点に留意が必要である。

8 日本におけるスクイーズ・アウトに関する規定

前述したように，非適格株式交換を行った場合には，株式交換完全子法人の保有する資産について時価評価課税が課されることになったが，法人税法上，現金交付型株式交換を行った場合には，「非適格株式交換」として取り扱われるという問題が生じる。

そのため，それを回避するために，全部取得条項付種類株式を利用した手法が使われている。具体的には，以下の手順により行われる。

(i) 買収会社が被買収会社の発行済株式総数の3分の2を超える数の株式を取得する。

(ii) 被買収会社の株主総会で種類株式発行会社に変更し，被買収会社の発行済株式のすべてを全部取得条項付種類株式に変更する。

(iii) 被買収会社が全部取得条項付種類株式を取得し，対価として普通株式を発行する。その際に，少数株主に発行される普通株式のすべてが1株未満の端数になるように，株式数を調整する。

(iv) 1株未満の端数の処理として，金銭を少数株主に交付する。

■取得条項の発動

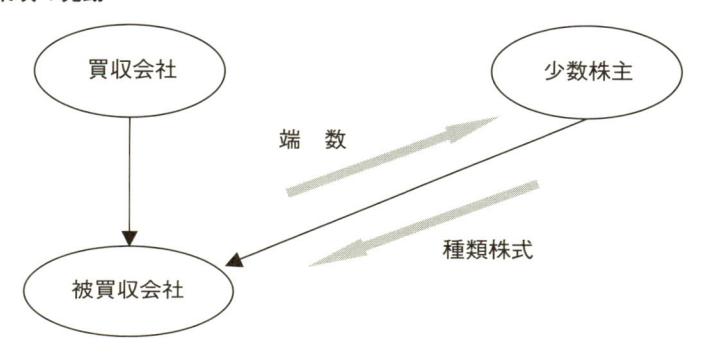

買収会社 → 被買収会社
少数株主 ⇄ 被買収会社（端数／種類株式）

■1株未満の端数の処理

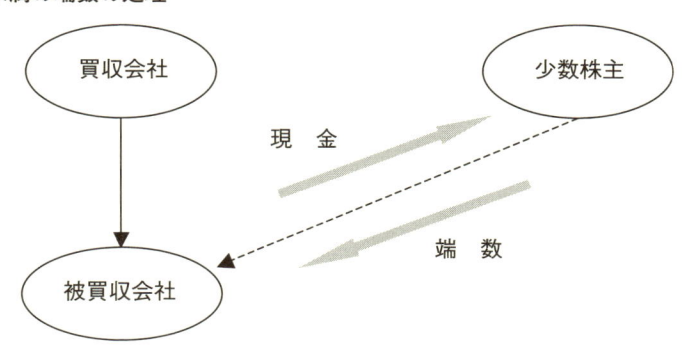

買収会社 → 被買収会社
少数株主 ⇄ 被買収会社（現金／端数）

　前述のように，現金交付型株式交換を行った場合には，株式交換完全子会社の保有する資産につき，時価評価課税が課される。しかし，全部取得条項付種類株式を利用した株式交換類似行為を行った場合には，発行法人（被買収会社）における時価評価課税に関する規定がないことから，同族会社等の行為計算の否認（法法132）または包括的租税回避防止規定（法法132の2）が適用されない限り，時価評価課税が課されないため，株式交換の代替として，全部取得条項付種類株式を活用しているケースが多い。なお，同族会社等の行為計算の否認および包括的租税回避防止規定は，租税回避行為に対して，個別の否認規定によらず，税務署長の認定により，法人税の計算を行うという制度である。

このような全部取得条項付種類株式を利用した株式交換類似行為について，同族会社等の行為計算の否認または包括的租税回避防止規定が適用されるか否かについては，以下の3つの考え方がある。
 (i) 全部取得条項付種類株式を利用して少数株主を排除したストラクチャーのすべてについて，同族会社等の行為計算の否認が適用される可能性があるという考え方
 (ii) 全部取得条項付種類株式を利用して少数株主を排除した後に，買収会社を合併法人とし，被買収会社を被合併法人とする合併を行った場合についてのみ，包括的租税回避防止規定が適用される可能性があるという考え方
 (iii) 同族会社等の行為計算の否認，包括的租税回避防止規定のいずれも適用することが困難であるという考え方

　この点については，全部取得条項付種類株式による少数株主の排除のための手法が生み出された段階では，同族会社等の行為計算の否認や包括的租税回避防止規定の適用を受ける可能性があるという見解が多かった。しかし，全部取得条項付種類株式による少数株主の排除の手法が一般的に行われるにつれ，現金交付型株式交換の脱法的な手法とは言い難いという見解も増え始め，平成23年度に行われた「産業活力の再生及び産業活動の革新に関する特別措置法」の改正における同法第21条の3において，明らかに，全部取得条項付種類株式による少数株主の排除の手法を前提とする規定が導入されたことにより，法人税法上，もはや，この手法が不自然・不合理なものとして，同族会社等の行為計算の否認や包括的租税回避防止規定が適用されるという考え方を採用することは困難であり，一般的には，租税回避行為という認定がなされるべきではないと考えられる。
　そのため，今後のM＆Aにおける事案につき，全部取得条項付種類株式を使った事案が増えていくと考えられ，外国法人による内国法人の買収事案においても利用される可能性があると考えられる。

9 クロスボーダーの組織再編成に関する規定

　合併，分割，株式交換・移転については，日本国内の会社法で定められた規定であることから，内国法人間の取引に限定されている。しかしながら，その株主が外国法人または非居住者であることから，外国の税法を絡めたうえで検討する必要がある。また，その逆に，外国で組織再編成を行ったとしても，内国法人または日本の居住者が株主になることもあり得るため，双方の税法を検討する必要がある。さらに，平成19年度の会社法改正により合併等対価の柔軟化が施行されたことにより，クロスボーダーの組織再編成に関する税制も整備された。

(1) クロスボーダーの現物出資

　合併，分割，株式交換・移転は，内国法人間の取引に限定されているが，現物出資については，国境をまたぐことがあるため，内国法人から外国法人に対する現物出資も考えられるし，外国法人から内国法人に対する現物出資も考えられる。

　平成23年度税制改正において，外国法人が内国法人に対して現物出資を行った場合における税制適格要件が改正された。その結果，内国法人から外国法人に対する現物出資については，外国法人に国内にある資産または負債を移転するものは非適格現物出資として取り扱われることとなり，外国法人から内国法人に対する現物出資については，内国法人に国外にある資産または負債を移転するものは非適格現物出資として取り扱われることとなった（法法２十二の十四）。

　なお，ここでいう「国内にある資産または負債」とは，原則として，国内にある事業所に属する資産または負債をいい，国外にある資産または負債とは，原則として，国外にある事業所に属する資産または負債をいうこととされている（法令４の３⑨）。すなわち，税制適格要件を満たすためには，内国法人から外国法人に対する現物出資の対象は国外にある事業所に属する資産または負

債に限定する必要があり、外国法人から内国法人に対する現物出資の対象は国内にある事業所に属する資産または負債に限定する必要がある。そのため、支店の子会社化の手法として現物出資を利用するということは一般的に見受けられるケースであり、その際に、税制適格要件を満たすか否かという点は、実務においても、重要な論点となってくる。

■外国支店の子会社化

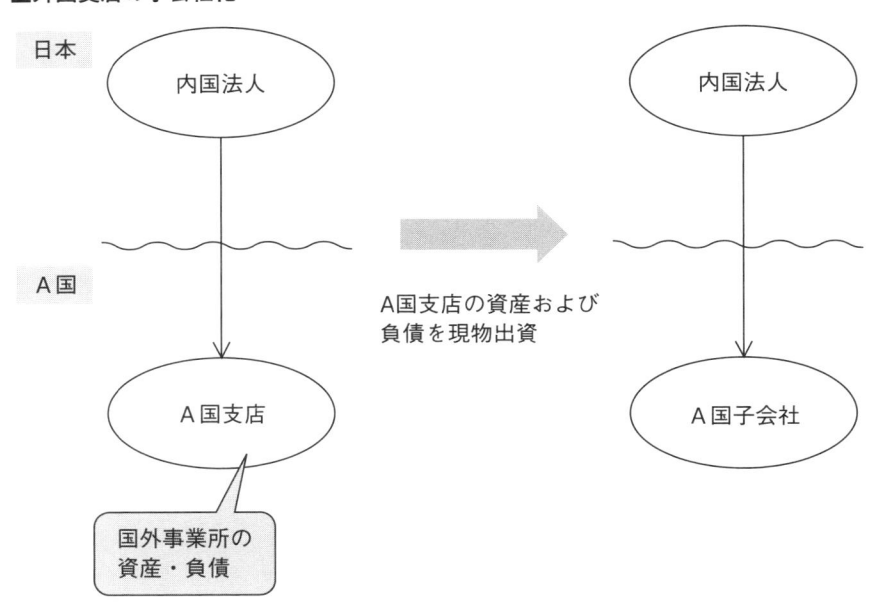

日本：内国法人 → A国支店（国外事業所の資産・負債）

A国支店の資産および負債を現物出資 →

内国法人 → A国子会社

さらに、留意が必要な点として、「国内にある事業所に属する資産または負債」には、外国法人の発行済株式総数の25％以上の数の株式を有する場合におけるその外国法人の株式が除かれているということが挙げられる。すなわち、外国子会社の孫会社化を行ったとしても、国外にある事業所に属する資産または負債を移転したことになり、「7(2)税制適格要件」で解説した他の要件を満たせば、税制適格要件を満たすことが可能になる。一般的には、このような手

法については、100％グループ内で行われることが多く、かつ、現物出資に伴って、金銭等不交付要件に抵触するような行為を行うことは稀であるため、現物出資後に、100％グループ関係が継続することが見込まれていれば、税制適格要件を満たすことが可能となる。

■外国子会社の孫会社化

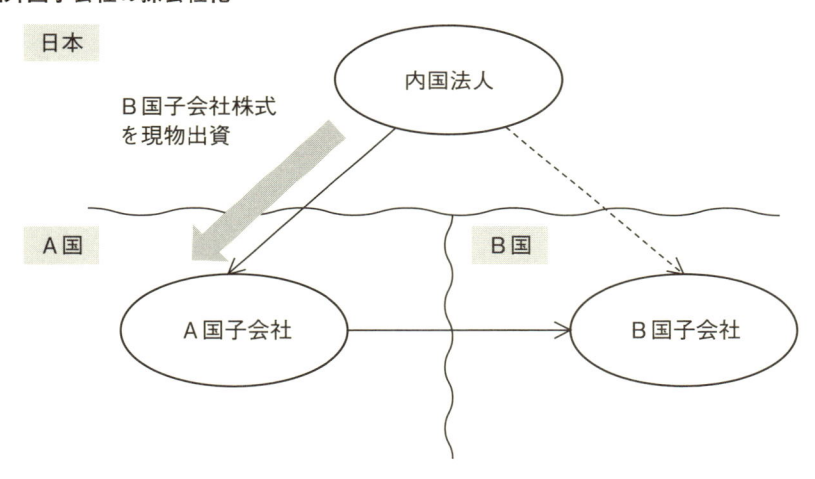

日本
内国法人
B国子会社株式を現物出資
A国
A国子会社
B国
B国子会社

しかし、これはあくまでも日本の税法だけの問題であり、上図においては、現物出資の対象となったB国において、B国子会社株式の譲渡損益について課税を受けるか否かについては、B国の国内法、日本とB国との間の租税条約を検討する必要があり、A国子会社においてB国子会社株式を帳簿価額で受け入れるのか、時価で受け入れるのかという点については、A国における国内法を検討する必要があるという点に、留意が必要である。

(2) 三角組織再編成

① 合併等による外国親法人株式の交付を受ける場合の課税

平成19年度の会社法の改正により、合併等対価の柔軟化が導入され、三角合併、三角分割、三角株式交換が可能になった。

これに伴い，法人税法においても，金銭等不交付要件の改正が行われ，例えば，合併を行った場合において，合併法人株式のみを交付する場合だけでなく，合併親法人株式（合併法人の100％親会社の株式）のみを交付する場合においても金銭等不交付要件に抵触しないこととされ，株主課税においても，被合併法人の株主において課税関係が生じないこととされた（法法61の2②）。

> ※　厳密には，合併親法人株式の定義としては，合併の直前に，合併法人と合併親法人との間に当該合併親法人による直接完全支配関係があり，かつ，合併後に当該直接完全支配関係が継続することが見込まれている場合の当該株式をいうこととされている（法令4の3①）。

> ※　三角合併を行う場合には，合併親法人から新株が交付されるのではなく，合併法人から合併親法人株式が交付されることになる。すなわち，三角合併を行うためには，事前に，合併法人に合併親法人株式を取得させる必要があり，実務においても，合併親法人が自己株式を合併法人に譲渡し，合併法人が対価として現金を合併親法人に支払うなどして，合併親法人株式を取得させる必要がある。なお，仮に，低廉な価格で売買が行われた場合には，合併法人において合併親法人株式の贈与を受けたとして，受贈益課税の問題が生じるため，時価で売買を行う必要がある。この問題は，三角合併だけでなく，三角分割，三角株式交換についても同様である。しかしながら，一部の諸外国との間の取引においては，その国の会社法が緩やかであるという理由により，現金を使わずに，かつ，非課税で合併親法人株式を取得する方法があるとのことである（「三角合併を利用した本社の海外移転（大石篤史著，旬刊商事法務2011/9/25号，2011/10/5号」）。

② 日本の課税権確保の措置

　しかしながら，合併等対価の柔軟化を行った場合において，例えば，被合併法人の株主に外国法人や非居住者が混ざっていたときは，外国法人，非居住者が国外資産である合併親法人株式を取得してしまうことから，合併の時点で課税をする必要があり，平成19年度税制改正においても，国内に恒久的施設を有しない外国法人，非居住者が国外資産である合併親法人株式を取得した場合には，合併の時点で株式譲渡損益として課税されることになった（法法142，法令188①十七）。ただし，通常の株式譲渡についても，恒久的施設を有しない場

合に課税される株式譲渡益は一定のものに限られていることから、三角合併を行った場合についても同様に、特殊関係株主による株式譲渡（事業譲渡類似株式の譲渡）などに限定されている（「3　インバウンド税制」参照）。

　また、恒久的施設を有する外国法人、非居住者については、内国法人、居住者と同様の課税関係とする必要があることから、国内において行う事業に係る資産として管理されている国内事業管理株式に対応して交付された国内事業管理親法人株式であるときは、株式譲渡損益として課税を受けないこととされている（措法37の14の2、措令25の14）。

　なお、これらの取扱いについては、三角分割、三角株式交換を行った場合についても同様である。

　※　課税されるのは外国法人、非居住者だけであり、他の株主である内国法人、居住者については課税関係は生じない。

　※　非適格合併として処理するという規定ではないため、みなし配当課税は生じない。

■三角合併

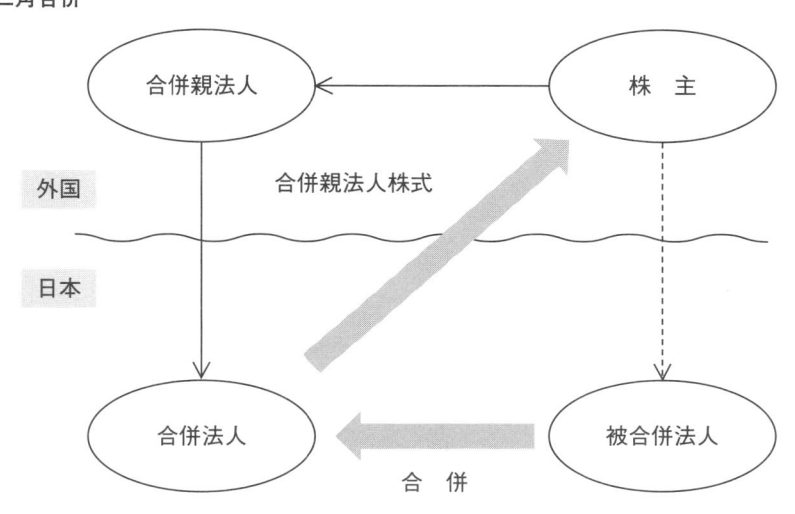

③ 適格性の否認

　さらに，合併等対価の柔軟化を行った場合には，既存の内国法人を，外国法人の子会社にすることが可能となったため，タックス・ヘイブン国（軽課税国）に所在する実体のない外国法人を通じて内国法人を保有するということが可能になった（一般的に「コーポレート・インバージョン」と称されている）。

　このような濫用的な組織再編成に対応し，グループ内の内国法人間で行われる三角合併，三角分割，三角株式交換のうち，特定軽課税外国法人に該当する親法人株式を交付するものについては，税制適格要件を満たさないものとされた（措法68の2の3）。なお，この場合における特定軽課税外国法人とは，トリガー税率（20％）を下回る外国法人をいう（措令39の34の3⑤）。

　無論，すべてのケースについて，適格性を否定されるわけではなく，「4(3)タックス・ヘイブン対策税制」で解説した内容と同様の適用除外基準が設けられており（措令39の34の3⑦），さらに，追加的に，事業関連性要件などを満たす場合には，適格性が否認されないこととされている（措令39の34の3⑪）。

　なお，これらの取扱いについては，三角分割，三角株式交換を行った場合についても同様である。

④ コーポレート・インバージョン対策税制

　コーポレート・インバージョン対策税制とは，内国法人の株主が，組織再編成等により，タックス・ヘイブン国（軽課税国）に所在する外国法人を通じてその内国法人の発行済株式総数の80％以上を間接に保有することになった場合には，その外国法人が留保した所得について，合算課税の適用を受けるという制度である（措法66の9の2〜66の9の5）

　しかしながら，すべてのケースについて，合算課税の適用を受けるわけではなく，「4(3)タックス・ヘイブン対策税制」で解説した内容と同様の適用除外基準が設けられている（措法66の9の2③，措令39の20の5①）。

　なお，これらの取扱いについては，三角分割，三角株式交換を行った場合についても同様である。

また，繰り返しにはなるが，「③適格性の否認」についても，ここで解説したコーポレート・インバージョン対策税制についても，合併親法人等がタックス・ヘイブン国（軽課税国）に存在する場合にのみ適用されるものであり，かつ，タックス・ヘイブン国（軽課税国）に存在したとしても，適用除外基準があることから，一般的には，租税回避を防止するための規定であり，多くの事案について適用されてしまうことを想定した規定ではないという点にご留意されたい。

(3) 日本法と国外法における税制適格要件の違い

日本の租税法において適格現物出資として処理されたとしても，外国において適格現物出資として処理されるわけではなく，それぞれの該当する国において，適格現物出資として処理されるのか，非適格現物出資として処理されるのかについては，別途検討を行う必要がある（「(1)クロスボーダーの現物出資」参照）。

例えば，外国子会社同士が合併を行った場合についても同様に，当該外国子会社の所在地国で適格合併として処理されたとしても，その株主である日本親会社において適格合併として処理されるわけではない。そのような場合には，外国子会社の所在地国において課税されないものの，日本において，日本親会社の株主課税を検討する必要がある。

これに対し，外国子会社の所在地国で非適格合併として処理され，その株主である日本親会社において適格合併として処理された場合には，当該外国子会社の所在地国において，被合併法人における課税関係を検討する必要があるのに加え，その株主についても，課税関係の検討を行う必要があることが多い。さらに，日本においては適格合併として処理されていることから，外国において，日本親会社の株式譲渡損益またはみなし配当について，源泉税が課されたとしても，日本において外国税額控除の対象とすることができない場合も想定される。

このように，外国と日本で税制適格要件が異なることにより，実務上は，か

なり面倒な検討をしなければならないことがある。どのような場合において，どのような処理をしなければならないのかという点については，外国での課税関係になるかにより異なるため，実際に，一方で適格組織再編成，他方で非適格組織再編成になった場合の処理については，個別に検討を行う必要がある。

そのため，M＆Aのストラクチャー構築における基本的な税務の理解としては，「外国と日本で税制適格要件が異なることから，別途，検討を行う必要がある」という程度の理解で差し支えないと考えられるため，本書においては，詳細な解説は省略する。

※　なお，トリガー税率の算定上，現地の法令で非課税とされる所得を分母に算入するという論点を解説したが，日本の租税法と外国の租税法の税制適格要件の違いにより，日本の租税法では課税されるべきものが，外国の租税法では課税されず，トリガー税率に抵触する可能性があるという論点がある。なお，このような場合であっても，適用除外基準があることから，すべてのケースにおいてタックス・ヘイブン対策税制の適用対象になるわけではない。

(4)　米国法におけるチェック・ザ・ボックスへの対応

諸外国の租税法において法人として取り扱われるのか，パス・スルー事業体として取り扱われるのかについては，それぞれの諸外国の租税法に準拠されるべきであり，日本の租税法の取扱いと異なる場面がある（「5(5)事業体課税」参照）。

それが顕著に表れているのが，米国の租税法におけるチェック・ザ・ボックスの規定であり，法人として取り扱うのか，パス・スルー事業体として取り扱うのかを納税者が選択することができるという制度である。

例えば，米国法人が日本の有限会社，持分会社を100％子会社として支配していたときは，米国の租税法上，支店として取り扱うことが可能であり，もし，当該100％子会社が赤字であれば，米国の親会社の所得から控除することが可能である。そのため，米国法人が日本の有限会社，持分会社を支配するときは，パス・スルー事業体として取り扱うことが多い。

これに対し、日本法人と米国法人が米国LLCを合弁で保有していたときには、合弁先である米国法人としては当該LLCをパス・スルー事業体として取り扱いたいと思う一方、日本の租税法上においては、法人として取り扱われてしまい、処理が煩雑になってしまうという問題が生じる。

そのため、米国LLCと日本法人との間に、米国の株式会社を入れることにより、煩雑な処理を避けるということが一般的である。

■米国LLCへの出資

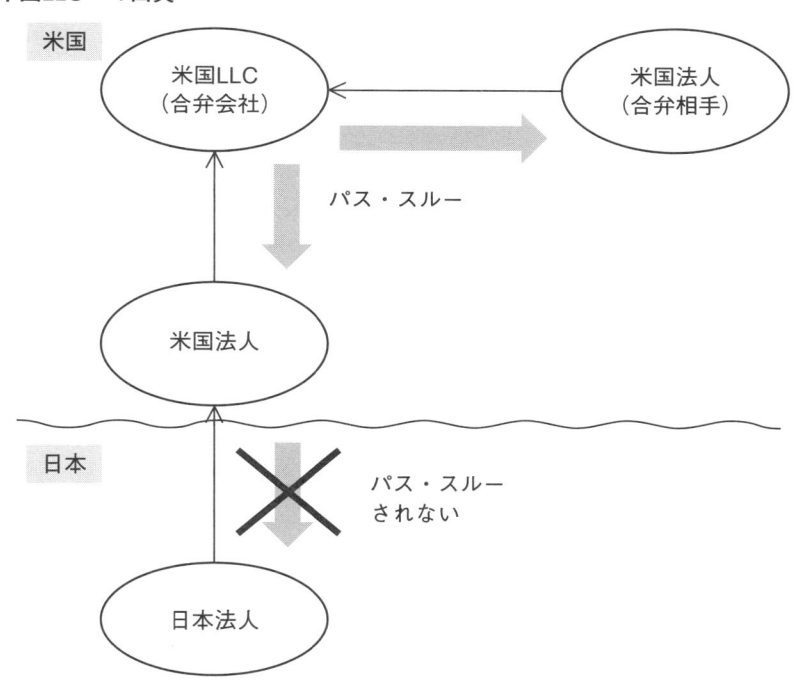

米国
米国LLC（合弁会社）← 米国法人（合弁相手）
パス・スルー
↓
米国法人

日本
×　パス・スルーされない
↓
日本法人

(5) グローバルM&Aにおけるアロケーション

外国法人を買収する場合に、1つの法人だけを買収するのではなく、複数の法人を一度に買収する場合がある。例えば、X国法人がA国、B国、C国にそれ

ぞれ子会社を保有している場合において，A国子会社株式，B国子会社株式，C国子会社株式をそれぞれ一度に買収する場面が考えられる。さらに，事業譲渡の場合には，A国子会社の事業，B国子会社の事業，C国子会社の事業を一度に譲り受ける場合が考えられる。

　特に，譲受側としては，事業譲渡の場合に顕著であるが，一般的に，法人税の実効税率が高い国，かつ，のれんの償却が認められている国の子会社事業の譲渡価額を高めにすることによる節税効果を期待する傾向にある。例えば，A国の実効税率が50％，B国が10％，C国が20％であり，全体ののれんが1,000百万円であり，A国でのれんの償却費の損金算入が認められているのであれば，A国でのれんを1,000百万円認識すれば，500百万円の節税効果が期待できる。

　さらに，譲渡側としては，株式譲渡の場合に顕著であるが，株式譲渡益に対する課税の少ない国の子会社株式の譲渡価額を高めにしたいと考える。上記のケースでは，A国子会社株式を譲渡しても課税されないのであれば，A国子会社株式の時価を引き上げ，他の子会社株式の時価を引き下げるという方法である。

　当然のことながら，このようなグローバルな譲渡価額の分配については，時価に基づいて合理的に行う必要があり，時価以外の価額を使うことにより不当な調整を行った場合には，税務調査において否認を受け，例えば，日本の租税法においては，寄附金または受贈益として処理されてしまうため，留意が必要である。

第3章

日本の株主から外資に売却する場合における有利・不利判定（ケーススタディ）

本章のポイント

　第2章では，M&Aを行う場合に，税務上論点となりやすい点について，理論的な解説を行った。しかし，実務においては，前提条件となる数値により結論が異なることがあり，理論的な分析よりも数値分析のほうが重要になることが少なくない。

　本章では，日本の内国法人を外資に売却するケースを前提として，具体的な数値を利用してストラクチャーの選択に関する解説を行う。無論，ここでの比較検討については，前提条件の数値に応じて行っており，実務上は，個々のケースにより結論が異なることもあり得るため，留意が必要である。

1　オーナー企業のM&A

(1)　単純な買収

　ここでは，最も単純な企業買収の目的である「他の法人を買収し，100％子会社にする」場合について解説を行う。この場合の買収手法としては様々なものが考えられるが，①株式を買う手法と②事業を買う手法の2つに収れんされる。

　本書においては，クロスボーダーM&Aについての解説を行うことを目的にしており，それぞれの国によって異なる会社分割や株式交換について詳細な分析を行った場合には煩雑になってしまうため，基本的なケースである株式譲渡

方式と事業譲渡方式についてのみ解説を行う。

また，ここでは，議論を単純化させるために以下の前提を置いている。

【第3章の具体例の前提】
- 法人税，住民税および事業税における実効税率は35％である（つまり，会社の規模，所在地，外形標準課税の適用の有無，同族会社の留保金課税の適用の有無による実効税率の違いは無視する）。
- 復興特別法人税の適用に伴う事業年度ごとの実効税率の違い（具体的には，平成27年3月31日までの法人税率の引上げ）については無視する。ただし，復興特別所得税については，その適用が長期にわたることから，それを考慮した税率で計算を行う。
- 間接税については無視する。
- 買収に伴う付随費用は発生していない。
- 節税効果の計算においては，時間的価値は考慮しない。
- 被買収会社の資本金等の額と被買収会社の株主における被買収会社株式の帳簿価額は一致している。

具体例

前提条件

[被買収会社の貸借対照表]　　　　　（単位：百万円）

	税務簿価	時価		税務簿価	時価
資産	11,000	11,000	負債	8,000	8,000
資産調整勘定	0	6,000	純資産 ※	3,000	9,000
合計	11,000	17,000	合計	11,000	17,000

※純資産の内訳

	税務簿価	時価
資本金	50	50
資本準備金	50	50

第3章　日本の株主から外資に売却する場合における有利・不利判定（ケーススタディ）　◆71

利益剰余金	2,900	8,900
純資産	3,000	9,000

- 被買収会社の株主は個人株主1人である（日本の居住者）。
- 個人株主における給与所得が多額であり，追加的な課税所得に係る課税はすべて最高税率（50.84％）が課される。
- 被買収会社の株主における被買収会社株式の取得価額は100百万円である。
- 被買収会社株式の譲渡価額は9,000百万円である。

■株式譲渡方式

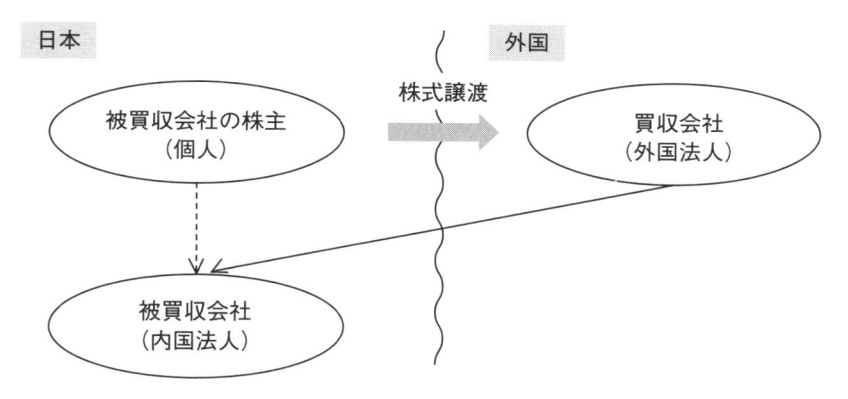

日本　　　　　　　　　　外国
　　　　　　　株式譲渡
被買収会社の株主　　　→　買収会社
（個人）　　　　　　　　　（外国法人）
　↓　　　　　　　　　　↙
被買収会社
（内国法人）

■事業譲渡方式

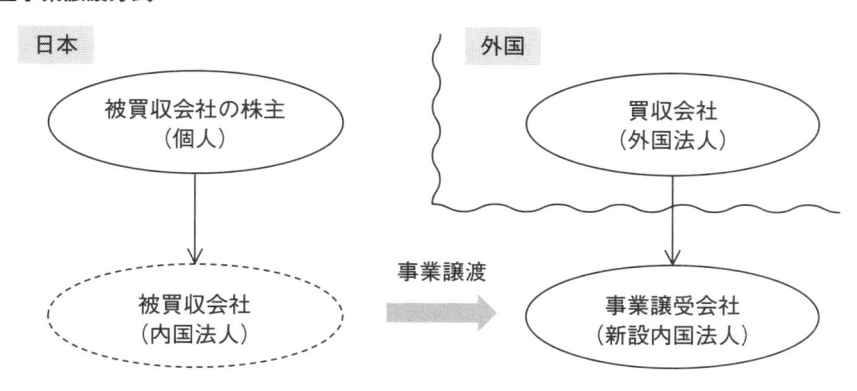

日本　　　　　　　　　　外国
被買収会社の株主　　　　買収会社
（個人）　　　　　　　　（外国法人）
　↓　　　　　　　　　　　↓
被買収会社　　事業譲渡　事業譲受会社
（内国法人）　→　　　　（新設内国法人）

法人税，住民税，事業税および所得税の課税関係

まず，被買収会社，買収会社における法人税，住民税および事業税，被買収会社の株主における所得税および住民税の課税関係を検討する。

(イ) 被買収会社側の税負担

	株式譲渡方式	事業譲渡方式
被買収会社	株主が変わるだけなので，課税関係は発生しない。	事業譲渡益が6,000百万円発生する。 ➡実効税率が35％なので，税負担は以下のとおり。 6,000百万円×35％ ＝2,100百万円の課税
被買収会社の株主	[譲渡所得として分離課税される] 譲渡所得に対する課税 ＝（譲渡価額－譲渡原価）×20.315％ ＝（9,000百万円－100百万円）×20.315％ ＝1,808百万円	[配当所得として総合課税される] ①残余財産の分配額 　譲渡価額－法人税等 　＝9,000百万円－2,100百万円 　＝6,900百万円 ②配当所得に対する課税 　＝（残余財産－資本金等の額）×50.84％ 　＝（6,900百万円－100百万円）×50.84％ 　＝3,457百万円 ③配当控除 　＝（6,900百万円－100百万円）×6.4％ 　＝435百万円 ④個人所得税および住民税 　＝3,457百万円－435百万円 　＝3,022百万円
合計	税負担　1,808百万円	税負担　5,122百万円

(ロ) 買収会社側の税負担

	株式譲渡方式	事業譲渡方式
買収会社	単なる株式の取得なので、課税関係は発生しない。	同左。
事業譲受会社		資産調整勘定6,000百万円を認識したことにより、将来の課税負担が圧縮される。 ➡実効税率が35％なので、税負担の軽減は以下のとおり。 6,000百万円×35％ ＝2,100百万円の税負担の軽減
合計	税負担　0百万円	税負担　△2,100百万円

(ハ) 合　計

	株式譲渡方式	事業譲渡方式	有利・不利判定
被買収会社側	1,808百万円	5,122百万円	株式譲渡方式が有利
買収会社側	0百万円	△2,100百万円	事業譲渡方式が有利
合計	1,808百万円	3,022百万円	株式譲渡方式が有利

|総　括|

　買収会社、被買収会社における法人税、住民税および事業税、被買収会社の株主における所得税および住民税の課税関係は上記のとおりである。しかし、実際には、不動産取得税、登録免許税、消費税などの流通税も含めた総合的な判定が必要になるため、ご留意されたい。

(2) 役員退職慰労金の支給

① 役員退職慰労金を支払った場合の取扱い

　被買収会社が役員退職慰労金を支払った場合には、退職金を受け取った個人において、原則として、退職所得として取り扱われる。退職所得は以下のように計算される（「第2章2(3)退職所得課税」参照）。

【退職所得の金額（所法30）】

> 退職所得の金額＝（退職金の金額－退職所得控除）×１／２
> 　退職所得控除
> 　➡ 勤続年数が20年以下の場合：勤続年数×40万円
> 　　 勤続年数が20年超の場合：800万円＋（勤続年数－20年）×70万円

　また，平成26年度までの退職所得に係る最高税率は50.84％であるものの，上記のように，退職金の金額から退職所得控除を差し引いた金額に２分の１を乗じた金額として計算されることから，給与所得等に比べて実効税率は小さくなる。

　さらに，役員退職慰労金を支払った被買収会社においては，後述するように，原則として損金の額に算入することができることから，他の課税所得と相殺することにより，税負担を圧縮することができる。

②　株式譲渡方式との組み合わせ

　その他利益剰余金が多額にあるオーナー企業を買収する場合には，オーナーにおける課税関係として，配当所得として取り扱われるよりも，譲渡所得として取り扱われるほうが，税負担が小さくなることから，買収手法として株式譲渡方式を採用することが多い。

　しかし，単に株式を購入するという方式よりも，役員退職慰労金の支払いと組み合わせるという手法が考えられる。例えば，30億円で株式を購入する手法を変更し，被買収会社が２億円の役員退職慰労金の支払いを行うことで，株式価値を28億円まで引き下げるという手法である。この場合のオーナーにおける収入は，役員退職慰労金２億円，株式譲渡収入28億円になるため，税引前の総額においては，30億円の株式譲渡収入を受領する場合と変わらない。

　ただし，税務上の取扱いとして，オーナー企業の買収においては，役員退職慰労金の支払いと組み合わせることで，節税を行うことができることが多い。

　なぜならば，被買収会社がオーナーに対して役員退職慰労金を支払った場合

には，過大役員退職慰労金に該当しない限り，原則として，損金の額に算入することができるのに対し，オーナーの所得税および住民税の計算においては，一部の株式譲渡収入が役員退職慰労金に変わるため，譲渡所得が減額され，同額の退職所得が増額されることになるが，譲渡所得と退職所得の税負担の金額は，それほど大きくは変わらないためである。

すなわち，役員退職慰労金の支払金額について，被買収会社において損金の額に算入することができることから，2億円の役員退職慰労金の支払いを行った場合には，約70百万円の節税効果を見込むことができる。具体的には以下の具体例を参照されたい。

具体例

前提条件

- 被買収会社株式のすべてをオーナーが所有している。
- 被買収会社株式の取得価額：100,000千円
- 被買収会社株式の譲渡価額：3,000,000千円
- 役員退職慰労金の計算方法：功績倍率法
  最終報酬月額×勤続年数×功績倍率
  　＝2,000千円／月×40年×3倍
  　＝240,000千円

役員退職慰労金を支払わない場合の課税関係

▶被買収会社における税務上の取扱い

　株主が変わるだけなので，課税関係は発生しない。

▶オーナーにおける税務上の取扱い

　譲渡所得として課税されることになる。

　その場合の所得税および住民税の金額は以下のとおりである。

$$（譲渡価額－譲渡原価）\times 20.315\% =（3,000,000千円－100,000千円）\times 20.315\%$$
$$= 589,135千円$$

▶買収会社における税務上の取扱い

　有価証券の取得価額は3,000,000千円に付随費用を加算した金額になるが，有価証券の取得に伴って課税所得の金額に影響を与えない。

役員退職慰労金を支払った場合の課税関係

▶被買収会社における税務上の取扱い

　役員退職慰労金（240,000千円）が損金の額に算入されることにより，84,000千円の節税効果がある（84,000千円＝240,000千円×35％）。

▶オーナーにおける税務上の取扱い

　役員退職慰労金を240,000千円支払うことにより，被買収会社株式の株価が下落するため，被買収会社株式の譲渡対価は2,760,000千円となる。

　その結果，役員退職慰労金240,000千円については退職所得として課税されることになり，譲渡対価2,760,000千円については譲渡所得として課税されることになる。

≪譲渡所得≫

　譲渡所得に係る所得税および住民税の金額は以下のとおりである。

$$（譲渡価額－譲渡原価）\times 20.315\% =（2,760,000千円－100,000千円）\times 20.315\%$$
$$= 540,379千円$$

≪退職所得≫

　退職所得に係る所得税および住民税の金額は以下のとおりである。

第3章 日本の株主から外資に売却する場合における有利・不利判定（ケーススタディ） ◆77

① 退職所得の金額

(退職金の金額 − 退職所得控除) × 1／2 ＝ (240,000千円 − (8,000千円 ＋ (40年 − 20年) × 700千円)) × 1／2
＝ 109,000千円

② 所得税の金額

109,000千円 × 40.84％ − 2,796千円 ＝ 41,719千円

※ 所得税については，その全額に対して最高税率が課されるのではなく，累進課税により，18,000千円に満たない部分の金額については，低い税率が課されるため，最高税率を乗じて算定された金額から，2,796千円を控除する必要がある。なお，平成26年12月31日までの実務においては，以下の税額表を使用されたい。

■税額表

課税される所得金額	税率	控除額
1,000円から1,949,000円まで	5％ × 1.021	0円
1,950,000円から3,299,000円まで	10％ × 1.021	97,500円
3,300,000円から6,949,000円まで	20％ × 1.021	427,500円
6,950,000円から8,999,000円まで	23％ × 1.021	636,000円
9,000,000円から17,999,000円まで	33％ × 1.021	1,536,000円
18,000,000円以上	40％ × 1.021	2,796,000円

③ 住民税の金額

109,000千円 × 10％ × 0.9 ＝ 9,810千円

④ 所得税および住民税の金額

41,719千円 ＋ 9,810千円 ＝ 51,529千円

≪譲渡所得，退職所得に係る所得税および住民税の合計金額≫

540,379千円 ＋ 51,529千円 ＝ 591,908千円

▶買収会社における税務上の取扱い

有価証券の取得価額は2,760,000千円に付随費用を加算した金額になるが，有価証券の取得に伴って課税所得の金額に影響を与えない。

総括

	退職金なし	退職金あり	有利・不利判定
被買収会社	0千円	△84,000千円	退職金を支払うほうが有利
オーナー	589,135千円	591,908千円	退職金を支払わないほうが有利
買収会社	0千円	0千円	有利・不利はない
合計	589,135千円	507,908千円	退職金を支払うほうが有利

以上のように，役員退職慰労金を支払った場合には，被買収会社において，84,000千円の節税効果があるが，オーナーにおいては税負担が2,773千円増加することになる。

しかしながら，買収会社においては，単体においては節税効果がないが，買収後の被買収会社において節税効果が見込まれ，かつ，オーナー個人における税負担の増加よりも多額の節税効果が期待できるため，例えば，買収価額を50,000千円引き上げることにより，売り手と買い手の双方において，節税メリットを享受することが可能となる。

なお，このスキームにおける問題点としては，（イ）特定の状況下においては，役員退職慰労金について，役員賞与，過大役員退職慰労金として損金算入が認められない可能性があるという点，（ロ）株主構成と役員構成が異なる場合には，多額の役員退職慰労金を受け取った株主にとっては収入が増えるが，役員を兼務していない株主にとっては収入が減ることから，被買収会社の株主間の調整を行う必要があるという点が考えられる。このうち，（イ）について，企業買収において頻繁に起こる内容を，③④において解説を行う。

※ 平成18年度税制改正により，「役員給与等」として税制が整備されたが，役員退職慰労金についての実質的な改正はないため，本書では，従来どおりの名称を使用して解説を行う。

③ オーナーからの事業承継における問題点

オーナー企業の特徴としては，オーナーの経験，能力，人脈が会社の基盤になっていることが多く，オーナーの引退に伴って，売上や利益が減少することも考えられる。

そのため，オーナー企業の買収においては，オーナーの経験，能力，人脈を維持できるように，買収後もオーナーに2～3年勤務してもらい，十分に引継ぎを行ってから引退してもらうという方法が一般的にとられる。

しかし，退職金とは，退職に基因して支払われるものをいうため，退職する前に支払った場合には，役員賞与として取り扱われる。役員賞与として取り扱われた場合には，オーナー個人では退職所得ではなく，給与所得として課税されるため，約2倍の税負担になり，かつ，被買収会社においても損金の額に算入できなくなることから，何ら節税効果が期待できなくなってしまう。

したがって，このような場合には，実務上，役員退職慰労金に係る株主総会決議，取締役会決議，役員退職慰労金の支払いを実際の退職時点まで繰り延べるという選択をすることが多い。

これに対して，オーナーがなるべく早く現金収入がほしいと考えている場合には，役員退職慰労金の支払いを株式の購入時点で行う必要があるため，役員退職慰労金の支払いを退職時点まで延ばすことは難しいことが多い。このような場合において，法人税基本通達9－2－32，所得税基本通達30－2に規定する要件を満たしたときは，実際に退職する前であっても，役員賞与ではなく，役員退職慰労金として認められることから，その要件を満たせるようにする必要がある。具体的な要件は以下のとおりである。

【役員退職慰労金として認められるための要件】

役員に対し役員退職慰労金として支給した場合には，その支給が，例えば次に掲げるような事実があったことによるものであるなど，その分掌変更等によりその役員としての地位または職務の内容が激変し，実質的に退職した場合と同様の事情があると認められることによるものである場合には，これを役員退

職慰労金として取り扱うことができる。

(ⅰ) 常勤役員が非常勤役員（常時勤務していないものであっても代表権を有する者および代表権は有しないが実質的にその法人の経営上主要な地位を占めていると認められる者を除く）になったこと。

(ⅱ) 取締役が監査役（監査役でありながら実質的にその法人の経営上主要な地位を占めていると認められる者などを除く）になったこと。

(ⅲ) 分掌変更等の後における報酬が激減（おおむね50％以上の減少）したこと。

※ 所得税基本通達では(ⅰ)(ⅲ)のみしか規定していないが、法人税基本通達において(ⅱ)を認めている趣旨を考えると、所得税法上も(ⅰ)～(ⅲ)のいずれかを満たした場合には退職所得として認められると考えられる。

上記の(ⅰ)～(ⅲ)については、いずれか1つの状況に該当すればよいため、すべての要件を満たす必要はない。

また、上記には規定されていないが、役員を退任し、使用人（例：顧問）になった場合にも、役員としての委任契約が解除され、使用人としての雇用契約を結ぶことになるため、そこで役員としての退職の事実が認められることから、役員退職慰労金として認められると考えられる。

ただし、上記(ⅰ)～(ⅲ)についても、役員から使用人に降格する場合についても、名目だけでなく、実質的にも分掌変更が実際にあったこと、実質的に法人の経営上主要な地位を占めていないことなどが論点になるため、実務上は、事業承継に支障がなく、かつ、税務上の役員退職慰労金の要件を満たせるような形で、企業買収後のオーナーの権限を制約していく必要がある。

④ 過大役員退職慰労金

法人税法上、役員退職慰労金のうち、不相当に高額なものについては、損金の額に算入することができない（法法34②）。これに対し、所得税法上は、不相当に高額であっても、退職所得として取り扱われるため、過大役員退職慰労

金として否認された場合のリスクは，原則として，被買収会社を購入した買収会社のみが負うことになり，役員退職慰労金を受け取ったオーナーにおいては，何らリスクは生じないことが一般的である。

　また，過大役員退職慰労金として否認を受けないための適正な役員退職慰労金の金額がいくらなのかという点については，実務上，功績倍率法により計算しているケースが多い。功績倍率法による計算式は以下のとおりである。

【功績倍率法】

> 役員退職慰労金の適正額
> 　＝最終報酬月額×勤続年数（1年未満切上げ）×功績倍率＋功労加算金

　この場合の功績倍率をいくらにするのかについては，代表取締役社長に対しては，功績倍率として3倍の数値を使い，功労加算金として最終報酬月額×勤続年数×功績倍率により計算した金額の30％に相当する金額を上限としていることが多い。すなわち，最終報酬月額が2,000千円であり，勤続年数が40年である場合には，役員退職慰労金の金額は312,000千円となる（312,000千円＝2,000千円×40年×3倍×1.3）。なお，実務上は，個別事案によって異なるため，慎重に判断されたい。

　また，最終報酬月額の金額は，適正な役員報酬の金額である必要があるため，過大役員報酬として否認を受ける可能性がある場合には，単純に計算すると，過大役員退職慰労金として否認を受ける可能性も生じる。特に，オーナー社長の役員報酬は他の役員，使用人に比べて多額であることが多いため，デュー・デリジェンスの際には，過大役員報酬に該当する可能性があるか否か，その場合に過大役員退職慰労金に該当する可能性があるか否かについて慎重に検討する必要がある。

2　他の内国法人の子会社のM&A

　ここでは，最も単純な企業買収の目的である「他の法人を買収し，100％子会社にする」場合について解説を行うが，「1　オーナー企業のM&A」と異なり，被買収会社の株主が個人ではなく，法人である場合について比較検討を行う。なお，株式譲渡方式と事業譲渡方式の2つについて有利・不利判定を行う。

■株式譲渡方式

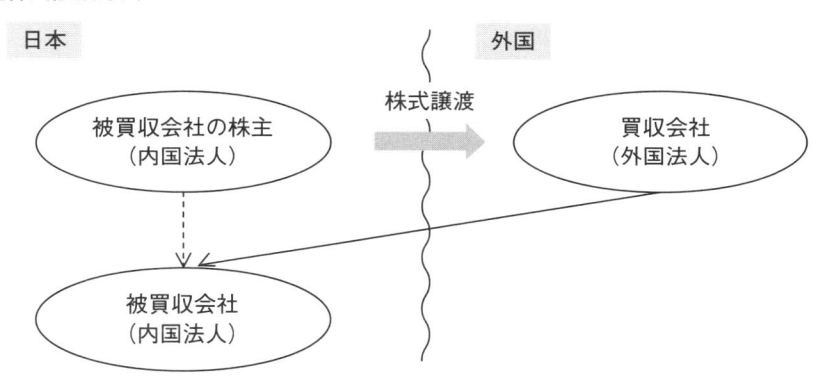

| 日本 | 外国 |

被買収会社の株主（内国法人） ──株式譲渡→ 買収会社（外国法人）

買収会社（外国法人） → 被買収会社（内国法人）

■事業譲渡方式

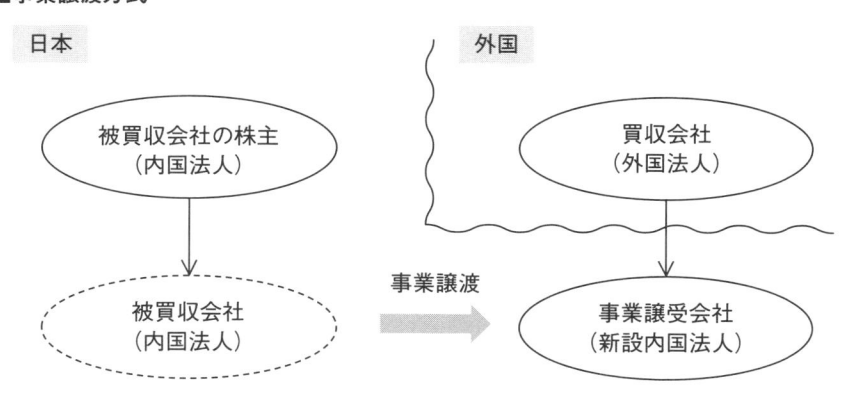

| 日本 | 外国 |

被買収会社の株主（内国法人） → 被買収会社（内国法人）

被買収会社（内国法人） ──事業譲渡→ 事業譲受会社（新設内国法人）

買収会社（外国法人） → 事業譲受会社（新設内国法人）

(1) 含み益の原因が資産調整勘定（のれん）であるケース

具体例

前提条件

[被買収会社の貸借対照表]　　　　　　　（単位：百万円）

	税務簿価	時価		税務簿価	時価
資産	11,000	11,000	負債	8,000	8,000
資産調整勘定	0	6,000	純資産 ※	3,000	9,000
合計	11,000	17,000	合計	11,000	17,000

※純資産の内訳

	税務簿価	時価
資本金	50	50
資本準備金	50	50
利益剰余金	2,900	8,900
純資産	3,000	9,000

- 被買収会社の株主は法人株主1社である（日本の内国法人）。
- 被買収会社の株主における被買収会社株式の取得価額は100百万円である。
- 被買収会社株式の譲渡価額は9,000百万円である。
- 被買収会社の株主は，被買収会社の発行済株式の全部を保有しているため，控除負債利子の計算を行わず，受取配当金の全額について，受取配当等の益金不算入を適用することができる。

法人税，住民税，事業税および所得税の課税関係

まず，被買収会社，被買収会社の株主，買収会社における法人税，住民税および事業税の課税関係を検討する。

(イ) 被買収会社側の税負担

	株式譲渡方式	事業譲渡方式
被買収会社	株主が変わるだけなので，課税関係は発生しない。	事業譲渡益が6,000百万円発生する。 ➡実効税率が35％なので，税負担は以下のとおり。 6,000百万円×35％ ＝2,100百万円の課税
被買収会社の株主	株式譲渡益について課税される。 ➡実効税率が35％なので，税負担は以下のとおり。 （譲渡価額－譲渡原価）×35％ ＝（9,000百万円－100百万円）×35％ ＝3,115百万円	受取配当等の益金不算入により課税されない。
合計	税負担 3,115百万円	税負担 2,100百万円

(ロ) 買収会社側の税負担

	株式譲渡方式	事業譲渡方式
買収会社	単なる株式の取得なので，課税関係は発生しない。	同左。
事業譲受会社		資産調整勘定6,000百万円を認識したことにより，将来の課税負担が圧縮される。 ➡実効税率が35％なので，税負担の軽減は以下のとおり。 6,000百万円×35％ ＝2,100百万円の税負担の軽減
合計	税負担 0百万円	税負担 △2,100百万円

(ハ) 合 計

	株式譲渡方式	事業譲渡方式	有利・不利判定
被買収会社側	3,115百万円	2,100百万円	事業譲渡方式が有利
買収会社側	0百万円	△2,100百万円	事業譲渡方式が有利
合計	3,115百万円	0百万円	事業譲渡方式が有利

買収会社，被買収会社における法人税，住民税および事業税の課税関係は上記のとおりである。しかし，実際には，不動産取得税，登録免許税，消費税などの流通税も含めた総合的な判定が必要になるため，ご留意されたい。

(2) 含み益の原因が土地であるケース

(1)では含み益の原因が資産調整勘定（のれん）のみであるケースについての解説を行った。ここでは，含み益の原因が土地であるケースについての解説を行う。具体的には以下の具体例を参照されたい。なお，簡便化のため，ここでは，法人税，住民税および事業税についての解説のみを行う。

具体例

前提条件

[被買収会社の貸借対照表]　　　　　　（単位：百万円）

	税務簿価	時価		税務簿価	時価
資産	10,000	10,000	負債	8,000	8,000
土地	1,000	7,000	純資産 ※	3,000	9,000
合計	11,000	17,000	合計	11,000	17,000

※純資産の内訳

	税務簿価	時価
資本金	50	50
資本準備金	50	50
利益剰余金	2,900	8,900
純資産	3,000	9,000

- 被買収会社の株主は法人株主1社である（日本の内国法人）。
- 被買収会社の株主における被買収会社株式の取得価額は100百万円である。
- 被買収会社株式の譲渡価額は9,000百万円である。
- 被買収会社の株主は，被買収会社の発行済株式の全部を保有しているため，控除負債利子の計算を行わず，受取配当金の全額について，受取配当等の

益金不算入を適用することができる。
- 被買収会社が保有している土地を売却する予定はない。

法人税，住民税，事業税および所得税の課税関係

(イ) 被買収会社側の税負担

	株式譲渡方式	事業譲渡方式
被買収会社	株主が変わるだけなので，課税関係は発生しない。	事業譲渡益が6,000百万円発生する。 ➡実効税率が35％なので，税負担は以下のとおり。 6,000百万円×35％ ＝2,100百万円の課税
被買収会社の株主	株式譲渡益について課税される。 ➡実効税率が35％なので，税負担は以下のとおり。 （譲渡価額－譲渡原価）×35％ ＝（9,000百万円－100百万円）×35％ ＝3,115百万円	受取配当等の益金不算入により課税されない。
合計	税負担　3,115百万円	税負担　2,100百万円

(ロ) 買収会社側の税負担

	株式譲渡方式	事業譲渡方式
買収会社	単なる株式の取得なので，課税関係は発生しない。	同左。
事業譲受会社		土地については売却予定がないことから，保守的に事業譲受法人における税メリットがないこととする。
合計	税負担　0百万円	税負担　0百万円

(ハ) 合 計

	株式譲渡方式	事業譲渡方式	有利・不利判定
被買収会社側	3,115百万円	2,100百万円	事業譲渡方式が有利
買収会社側	0百万円	0百万円	有利・不利なし
合計	3,115百万円	2,100百万円	事業譲渡方式が有利

　このように，被買収会社の含み益の原因が資産調整勘定（のれん）ではなく，売却予定のない土地であったとしても，事業譲渡方式のほうが有利であるという結論になる。

　これは，事業譲渡方式では被買収会社が保有している含み益についてのみ課税されるのに対し，株式譲渡方式では被買収会社における課税済みの利益であるその他利益剰余金（2,900百万円）についてまで課税されてしまうことから，1,015百万円（2,900百万円×35％）の税負担の追加が発生するからである。

　しかし，実務上は，事業譲渡を行ったことによる不動産取得税，登録免許税，消費税などの流通税も含めた総合的な判定が必要になるため，ご留意されたい。

(3) 少数株主が存在するケース

　(1)(2)では，被買収会社の株主が1名のみである場合についての解説を行った。しかし，実務上は，少数株主が存在するケースもあるため，ここでは，少数株主が存在するケースについての解説を行う。以下の具体例を参照されたい。

具体例

前提条件

［被買収会社の貸借対照表］　　　　　　　（単位：百万円）

	税務簿価	時価		税務簿価	時価
資産	11,000	11,000	負債	8,000	8,000
資産調整勘定	0	6,000	純資産 ※	3,000	9,000
合計	11,000	17,000	合計	11,000	17,000

※純資産の内訳

	税務簿価	時価
資本金	50	50
資本準備金	50	50
利益剰余金	2,900	8,900
純資産	3,000	9,000

- 被買収会社の株主における被買収会社株式の帳簿価額は，以下のとおりである。
  - 内国法人P社　　80百万円（80％）
  - 内国法人A社　　10百万円（10％）
  - 日本人　B氏　　10百万円（10％）
- 被買収会社株式の譲渡価額は9,000百万円である。
- P社，A社における受取配当等の益金不算入に係る控除負債利子の金額が軽微であり，ストラクチャー選択において影響を与えないものと仮定する。
- B氏の給与所得が多額であり，追加的な課税所得に係る課税はすべて最高税率（50.84％）が課される。

法人税，住民税，事業税および所得税の課税関係

（イ）被買収会社側の税負担

	株式譲渡方式	事業譲渡方式
被買収会社	株主が変わるだけなので，課税関係は発生しない。	事業譲渡益が6,000百万円発生する。 ➡実効税率が35％なので，税負担は以下のとおり。 6,000百万円×35％ ＝2,100百万円の課税
P社	株式譲渡益について課税される。 ➡実効税率が35％なので，税負担は以下のとおり。 （譲渡価額－譲渡原価）×35％	受取配当等の益金不算入により課税されない。

	=(9,000百万円×80％－80百万円)×35% =2,492百万円	
A社	株式譲渡益について課税される。 ➡実効税率が35％なので、税負担は以下のとおり。 (譲渡価額－譲渡原価)×35% =(9,000百万円×10％－10百万円)×35% =311百万円	①残余財産の分配額 　=(9,000百万円－2,100百万円)×10% 　=690百万円 ②みなし配当の金額 　=(配当財産－資本金等の額) 　=690百万円－100百万円×10% 　=680百万円 ③益金不算入額 　=680百万円×50% 　=340百万円 　※関係法人株式以外の株式であるため、50％のみが益金不算入になる。 ④法人税等 　=(680百万円－340百万円)×35% 　=119百万円
B氏	［譲渡所得として分離課税される］ 譲渡所得に対する課税 =(譲渡価額－譲渡原価)×20.315% =(9,000百万円×10％－10百万円)×20.315% =180百万円	［配当所得として総合課税される］ ①残余財産の分配額 　=(9,000百万円－2,100百万円)×10% 　=690百万円 ②みなし配当の金額 　=(配当財産－資本金等の額) 　=690百万円－100百万円×10% 　=680百万円 ③配当所得に対する課税 　=680百万円×50.84% 　=345百万円 ④配当控除 　=680百万円×6.4%

			=43百万円 ⑤個人所得税および住民税 =345百万円－43百万円 =302百万円
合計		税負担　2,983百万円	税負担　2,521百万円

(ロ) 買収会社側の税負担

	株式譲渡方式	事業譲渡方式
買収会社	単なる株式の取得なので，課税関係は発生しない。	同左。
事業譲受会社		資産調整勘定6,000百万円を認識したことにより，将来の課税負担が圧縮される。 ➡実効税率が35％なので，税負担の軽減は以下のとおり。 6,000百万円×35％ ＝2,100百万円の税負担の軽減
合計	税負担　0百万円	税負担　△2,100百万円

(ハ) 合　計

	株式譲渡方式	事業譲渡方式	有利・不利判定
被買収会社側	2,983百万円	2,521百万円	事業譲渡方式が有利
買収会社側	0百万円	△2,100百万円	事業譲渡方式が有利
合計	2,983百万円	421百万円	事業譲渡方式が有利

　このように，少数株主が存在したとしても，事業譲渡方式のほうが株式譲渡方式に比べて有利であると考えられる。

　一方，被買収会社の株主別に見ると，それぞれの株主の税引後の手取り（税負担ではない）は以下のとおりである。

	株式譲渡方式	事業譲渡方式	有利・不利判定
P社	4,708百万円	5,520百万円	事業譲渡方式が有利
A社	589百万円	571百万円	株式譲渡方式が有利
B氏	720百万円	388百万円	株式譲渡方式が有利
合計	6,017百万円	6,479百万円	事業譲渡方式が有利

　これは，被買収会社において発生した事業譲渡益に対して課税された後の金額のみが配当財産として分配されているが，P社においては受取配当等の益金不算入のメリットがそれを上回っていることから，P社においては事業譲渡方式のほうが有利であるのに対し，A社においては受取配当等の益金不算入によるメリットも50％しか享受できていないことから事業譲渡益課税によるデメリットのほうが大きいことと，B氏においては譲渡所得から配当所得へ変わったことにより株主課税における税負担さえも増加してしまっていることが原因である。

　しかし，他に合理的な理由があればともかく，このような税負担の違いを理由に，P社からの購入価額を引き下げ，A社，B氏からの購入価額を引き上げることは，取引価額の妥当性の点で問題があるため，このような取引価額の調整を行うことは難しいと考えられる。

　そのため，このようなケースでは，少数株主であるA社，B氏からP社または買収会社が株式を購入した後に事業譲渡を行うことにより，A社とB氏においては株式譲渡方式による税務上の効果が生じるようにし，かつ，P社と買収会社においては事業譲渡方式による税務上の効果が生じるように調整を行っていく必要があると考えられる。

(4) 株式購入前に多額の配当を行う手法

① 株式譲渡方式と配当後株式譲渡方式との比較

　税務上，被買収会社の株主が法人株主である場合において，株式譲渡方式よりも事業譲渡方式のほうがメリットがある理由としては，被買収会社の株主において発生する株式譲渡益をみなし配当へ振り替えることができるからである。

そのため，類似の効果を出すために，株式譲渡前に，被買収会社が配当可能利益全額を配当することで株式譲渡益を圧縮し，受取配当金へ振り替えるという手法も一般的に行われている。

(1)の前提条件において，配当を行わないで株式の譲渡を行う方式と，配当可能利益の全額（2,900百万円）について配当を行った後に株式の譲渡を行う方式とを，税務上の影響額について比較すると以下のようになる。

法人税，住民税，事業税および所得税の課税関係

まず，被買収会社，被買収会社の株主，買収会社における法人税，住民税および事業税の課税関係を検討する。

(イ) 被買収会社側の税負担

	株式譲渡方式（配当なし）	株式譲渡方式（配当あり）
被買収会社	株主が変わるだけなので，課税関係は発生しない。	同左。
被買収会社の株主	株式譲渡益について課税される。 ➡実効税率が35％なので，税負担は以下のとおり。 （譲渡価額−譲渡原価）×35％ =（9,000百万円−100百万円）×35％ =3,115百万円	左記のうち，2,900百万円について，受取配当等の益金不算入の適用を受ける。 したがって，税負担は以下のとおり。 （譲渡価額−譲渡原価）×35％ =（9,000百万円−2,900百万円−100百万円）×35％ =2,100百万円
合計	税負担　3,115百万円	税負担　2,100百万円

(ロ) 買収会社側の税負担

	株式譲渡方式（配当なし）	株式譲渡方式（配当あり）
買収会社	単なる株式の取得なので，課税関係は発生しない。	同左。
合計	税負担　0百万円	税負担　0百万円

(ハ) 合　計

	配当なし	配当あり	有利・不利判定
被買収会社側	3,115百万円	2,100百万円	配当をしたほうが有利
買収会社側	0百万円	0百万円	有利・不利なし
合計	3,115百万円	2,100百万円	配当をしたほうが有利

総　括

　被買収会社，被買収会社の株主，買収会社における法人税，住民税および事業税の課税関係は上記のとおりである。それ以外の項目については，同じ株式譲渡方式であることから通常であれば差異は発生しない。

　ただし，被買収会社で配当を行ったことにより被買収会社の自己資本が小さくなるため，仮に買収会社が買収を行った後に増資を引き受ける必要が発生した場合には，被買収会社において増加資本金の額に対する登録免許税，資本金等の額の増加による住民税均等割，事業税資本割の増加に関する影響が発生する。

　しかしながら，買収企業サイドにおける子会社政策の関係上，特に増資を行う必要がないと判断された場合には，配当を行う方式のほうが，配当を行わない方式よりも1,015百万円の節税効果があると判断される。

②　配当後株式譲渡方式と事業譲渡方式との比較

　上記のとおり，同じ株式譲渡方式であっても，事前に配当を行う方式のほうが，配当を行わない方式に比べて節税効果がある。

　ここではさらに，被買収会社が配当を行ってから株式を購入する方式と，事業譲渡方式を比較検討する。

法人税, 住民税, 事業税および所得税の課税関係

まず, 被買収会社, 被買収会社の株主, 買収会社における法人税, 住民税および事業税の課税関係を検討する。

(イ) 被買収会社側の税負担

	株式譲渡方式（配当あり）	事業譲渡方式
被買収会社	株主が変わるだけなので, 課税関係は発生しない。	事業譲渡益が6,000百万円発生する。 ➡実効税率が35%なので, 税負担は以下のとおり。 6,000百万円×35% ＝2,100百万円の課税
被買収会社の株主	株式譲渡益について課税される。 ➡実効税率が35%なので, 税負担は以下のとおり。 （譲渡価額－譲渡原価）×35% ＝（9,000百万円－2,900百万円－100百万円）×35% ＝2,100百万円	受取配当等の益金不算入により課税されない。
合計	税負担　2,100百万円	税負担　2,100百万円

(ロ) 買収会社側の税負担

	株式譲渡方式	事業譲渡方式
買収会社	単なる株式の取得なので, 課税関係は発生しない。	同左。
事業譲受会社		資産調整勘定6,000百万円を認識したことにより, 将来の課税負担が圧縮される。 ➡実効税率が35%なので, 税負担の軽減は以下のとおり。 6,000百万円×35% ＝2,100百万円の税負担の軽減
合計	税負担　0百万円	税負担　△2,100百万円

(ハ) 合　計

	株式譲渡方式	事業譲渡方式	有利・不利判定
被買収会社側	2,100百万円	2,100百万円	有利・不利なし
買収会社側	0百万円	△2,100百万円	事業譲渡方式が有利
合計	2,100百万円	0百万円	事業譲渡方式が有利

※　このように，いずれの方式であっても，被買収会社側の有利・不利が生じなかった理由としては，被買収会社側で資産調整勘定の含み益があるということは，被買収会社の株主が保有している被買収会社株式に含み益があることを意味するからである。そのため，株式譲渡方式であったとしても，事業譲渡方式であったとしても，被買収会社側では，株式譲渡益として課税されるのか，事業譲渡益として課税されるのかの違いにすぎず，株式譲渡益に対して，通常の法人税が課されてしまう我が国の租税法においては，いずれの方式を採用しても，被買収会社側の税負担は変わらないという結論になる。逆にいえば，株式譲渡益について何ら課税しない租税法を採用する国であれば，株式譲渡方式によれば，被買収会社側の税負担はないという結論になる。

※　また，事業譲渡方式の場合には，被買収会社で資産調整勘定の含み益について課税されても，買収会社で取り戻すことができるため，時間的価値を無視した場合には，被買収会社における税負担と事業譲受法人における節税メリットは等しくなる。これに対し，株式譲渡方式の場合には，未実現利益に相当する金額については配当することができないことから（2,100百万円＝6,000百万円×35％），被買収会社側と買収会社側での合計において税負担2,100百万円が発生するという結論になる。

結　論

税務上の観点からは，事業譲渡方式を採用した場合における不動産取得税，登録免許税，毎年の住民税均等割・事業税資本割，その他の事務コストを見積もり，その金額が2,100百万円を下回っていれば，事業譲渡方式を採用したほうが有利であると考えられる。

(5) 被買収会社において繰越欠損金があるケース

ここでは，被買収会社が他の内国法人の子会社であり，かつ，多額の繰越欠

損金があるケースについて解説を行う。

具体例
前提条件

[被買収会社の貸借対照表]　　　　　　（単位：百万円）

	税務簿価	時価		税務簿価	時価
資産	11,000	11,000	負債	8,000	8,000
資産調整勘定	0	6,000	純資産 ※	3,000	9,000
合計	11,000	17,000	合計	11,000	17,000

※純資産の内訳

	税務簿価	時価
資本金	10,000	10,000
資本準備金	0	0
利益剰余金	△7,000	△1,000
純資産	3,000	9,000

- 被買収会社の株主における被買収会社株式の帳簿価額は以下のとおりであり，P社，A社およびB社の間に資本関係は存在しない。
  - 内国法人P社　　8,000百万円（80％）
  - 内国法人A社　　1,000百万円（10％）
  - 内国法人B社　　1,000百万円（10％）
- 被買収会社株式の譲渡価額は9,000百万円である。
- 税務上の繰越欠損金は10,000百万円である。
- 上記の繰越欠損金をすべて利用することができるだけの十分な将来収益が期待されている。

法人税，住民税，事業税および所得税の課税関係

まず，被買収会社，被買収会社の株主，買収会社における法人税，住民税および事業税の課税関係を検討する。

(イ) 被買収会社側の税負担

	株式譲渡方式	事業譲渡方式
被買収会社	株主が変わるだけなので、課税関係は発生しない。	事業譲渡益が6,000百万円発生する。 ➡課税所得が6,000百万円であることから、その80%である4,800百万円についてのみ繰越欠損金を使用することができるため、1,200百万円についてのみ課税対象になる。 1,200百万円×35% ＝420百万円
被買収会社の株主 （3社合計）	株式譲渡損益の計算を行う必要がある。 株式譲渡損失 ＝譲渡収入－譲渡原価 ＝9,000百万円－10,000百万円 ＝9,000百万円－10,000百万円 ＝1,000百万円 ➡実効税率が35%なので、税負担の軽減は以下のとおり。 1,000百万円×35% ＝350百万円	みなし配当と株式譲渡損益の計算を行う必要がある。 ①みなし配当 ＝残余財産－資本金等の額 ＜0百万円により、みなし配当は発生しない。 ②株式譲渡損失 ＝譲渡収入－譲渡原価 ＝（9,000百万円－420百万円） －10,000百万円 ＝△1,420百万円 ➡実効税率が35%なので、税負担の軽減は以下のとおり。 △1,420百万円×35% ＝△497百万円
合計	税負担　△350百万円	税負担　△77百万円

(ロ) 買収会社側の税負担

	株式譲渡方式	事業譲渡方式
買収会社	単なる株式の取得なので、課税関係は発生しない。	同左。
被買収会社／ 事業譲受会社	繰越欠損金の金額は10,000百万円であり、かつ、将来収益により、すべて使用することができる。	資産調整勘定6,000百万円を認識したことにより、将来の税負担が圧縮される。

	➡実効税率が35％なので，税負担の軽減は以下のとおり。 10,000百万円×35％ ＝3,500百万円の税負担の軽減	➡実効税率が35％なので，税負担の軽減は以下のとおり。 6,000百万円×35％ ＝2,100百万円の税負担の軽減
合計	税負担　△3,500百万円	税負担　△2,100百万円

(ハ) 合　計

	株式譲渡方式	事業譲渡方式	有利・不利判定
被買収会社側	△350百万円	△77百万円	株式譲渡方式が有利
買収会社側	△3,500百万円	△2,100百万円	株式譲渡方式が有利
合計	△3,850百万円	△2,177百万円	株式譲渡方式が有利

※　本事例においては，被買収会社の発行済株式の全部を支配する株主が存在しないが，被買収会社の発行済株式の全部を保有する法人株主が存在する場合には，事業譲渡方式であったとしても，被買収会社の残余財産が確定することにより，事業譲渡益を計上した後における被買収会社の繰越欠損金（5,200百万円）を被買収会社の株主に引き継ぎ，1,400百万円（＝繰越欠損金の引継ぎ5,200百万円×35％－事業譲渡益課税1,200百万円×35％）の節税メリットを享受することが可能である（「第2章7(7)完全子会社の清算における繰越欠損金の引継ぎ」参照）。

しかしながら，被買収会社の清算による被買収会社株式に係る株式譲渡損益を認識することはできなくなる。

これらの影響も加味した場合には，以下のようになる。

	株式譲渡方式	事業譲渡方式	有利・不利判定
被買収会社側	△350百万円	△1,400百万円	事業譲渡方式が有利
買収会社側	△3,500百万円	△2,100百万円	株式譲渡方式が有利
合計	△3,850百万円	△3,500百万円	株式譲渡方式が有利

税務上の観点からは，事業譲渡方式は，買収会社側で資産調整勘定の償却という節税メリットが得られるという点がある。これに対し，株式譲渡方式は被買収会社の繰越欠損金を利用することができるというメリットがある。

ここでは，被買収会社の繰越欠損金が大きいため，事業譲渡方式では繰越欠

損金をすべて使用することができない結果，株式譲渡方式のほうが有利という結論になっている。

しかし，実務上，留意すべきは繰越欠損金の繰越期間が9年という点である。すなわち，買収時点で繰越欠損金の使用期限が迫っている場合には，株式譲渡方式では，被買収会社の繰越欠損金を使用しきれない可能性がある。

例えば，以下のようなケースが考えられる。

なお，実務上は，事業譲渡を行ったことによる不動産取得税，登録免許税，消費税などの流通税も含めた総合的な判定が必要になるため，ご留意されたい。

具体例

前提条件

- 3月決算法人である。
- 買収日は×6年4月1日である。
- 繰越欠損金は10,000百万円あるが，×7年3月期が繰越期限である。
- 会社分割を行った場合には，譲渡損益が6,000百万円発生し，その原因はすべて資産調整勘定（のれん）である。
- ×6年3月期の経常利益は0百万円であり，買収に係る損益以外は発生しない。
- 将来収益は，毎期1,000百万円である。

株式譲渡方式における繰越欠損金の利用

（単位：百万円）

	×7年3月期	合計
将来収益	1,000	1,000
繰越欠損金の利用	△800	△800

※ 第2章で解説したように，中小法人の特例の適用を受けることができる法人を除き，課税所得の80％までしか繰越欠損金を使用することができない。

事業譲渡方式における資産調整勘定の償却費の利用

(単位：百万円)

	×7/3～×11/3	×12/3	×13/3	合計
資産調整勘定償却	△1,200×5年	0	0	△6,000
将来収益	1,000×5年	1,000	1,000	7,000
繰越欠損金	200×5年 (＝1,000)	※ △800	※ △200	―

※ ×7/3～×11/3では資産調整勘定の償却費をすべて使用することができなかったため，×12/3，×13/3に繰越欠損金として引き継ぎ，×12/3，×13/3の課税所得と相殺している。

　上記のケースでは，事業譲渡を行っても，譲渡益を上回るだけの繰越欠損金があるため，株式譲渡方式における繰越欠損金の利用と事業譲渡方式における資産調整勘定の償却メリットのいずれが大きいかが重要な有利・不利判定の要素となる。

　この場合，繰越欠損金の繰越期限の到来が早いため，株式譲渡方式を選択しても，ほとんど繰越欠損金を利用することができない。これに対し，資産調整勘定として認識するとその償却期間において課税所得の圧縮が期待され，かつ，償却期間において資産調整勘定償却費をすべて使用しきれなかったとしても，その時点から9年間の繰越しが行えることから，実質的に繰越欠損金の繰越期限を延長したのと同じ効果を期待することができる。

　そのため，実務上，被買収会社の繰越欠損金を利用する場合には，当該繰越欠損金の繰越期限を見ながら有利・不利判定を行っていく必要がある。

　なお，実務上は，上記に加え，事業譲渡を行ったことによる不動産取得税，登録免許税，消費税などの流通税についても総合的な判定が必要になるため，ご留意されたい。

(6) 被買収会社の株主において繰越欠損金があるケース

ここでは，被買収会社が他の内国法人の子会社であり，かつ，被買収会社の株主において多額の繰越欠損金があるケースについて解説を行う。

具体例

前提条件

[被買収会社の貸借対照表]　　　　　（単位：百万円）

	税務簿価	時価		税務簿価	時価
資産	11,000	11,000	負債	8,000	8,000
資産調整勘定	0	6,000	純資産 ※	3,000	9,000
合計	11,000	17,000	合計	11,000	17,000

※純資産の内訳

	税務簿価	時価
資本金	50	50
資本準備金	50	50
利益剰余金	2,900	8,900
純資産	3,000	9,000

- 被買収会社の株主は法人株主1社である（日本の内国法人）。
- 被買収会社の株主における被買収会社株式の取得価額は100百万円である。
- 被買収会社株式の譲渡価額は9,000百万円である。
- 被買収会社の株主は，多額の繰越欠損金が存在し，かつ，当面，赤字決算が予想されているため，被買収会社株式の譲渡により株式譲渡益が発生したとしても，税負担は発生しない。

法人税，住民税，事業税および所得税の課税関係

まず，被買収会社，被買収会社の株主，買収会社における法人税，住民税および事業税の課税関係を検討する。

（イ）被買収会社側の税負担

	株式譲渡方式	事業譲渡方式
被買収会社	株主が変わるだけなので，課税関係は発生しない。	事業譲渡益が6,000百万円発生する。 ➡実効税率が35%なので，税負担は以下のとおり。 6,000百万円×35% ＝2,100百万円の課税
被買収会社の株主	当期は赤字決算であるため，税負担は発生しない。	受取配当等の益金不算入により課税されない。
合計	税負担　0百万円	税負担　2,100百万円

（ロ）買収会社側の税負担

	株式譲渡方式	事業譲渡方式
買収会社	単なる株式の取得なので，課税関係は発生しない。	同左。
事業譲受会社		資産調整勘定6,000百万円を認識したことにより，将来の課税負担が圧縮される。 ➡実効税率が35%なので，税負担の軽減は以下のとおり。 6,000百万円×35% ＝2,100百万円の税負担の軽減
合計	税負担　0百万円	税負担　△2,100百万円

（ハ）合　計

	株式譲渡方式	事業譲渡方式	有利・不利判定
被買収会社側	0百万円	2,100百万円	株式譲渡方式が有利
買収会社側	0百万円	△2,100百万円	事業譲渡方式が有利
合計	0百万円	0百万円	有利・不利なし

結　論

　買収会社側においては，資産調整勘定を認識することができる事業譲渡方式のほうが望ましいが，被買収会社側においては，株式譲渡方式であれば，譲渡益が発生するのが株主であることから，十分な繰越欠損金があることにより課税されるはずのなかった譲渡益が，事業譲渡方式によると，譲渡益が発生するのが被買収会社であり，繰越欠損金が存在しないことから，譲渡益に対して課税されてしまうという問題がある。

　このような場合には，買収前に，被買収会社側で組織再編成を行うことにより，被買収会社において発生する資産調整勘定に対する譲渡益と，その株主における繰越欠損金を相殺することを検討することが多いが，実際には難しいことが多く，買収会社側においては，資産調整勘定の認識を諦めざるを得ないケースが多い。

3　買い手サイドの論点

(1)　概　　要

　「1　オーナー企業のM＆A」，「2　他の内国法人の子会社のM＆A」のいずれにおいても，売り手サイドの課税関係が中心であったという点に気づかれた読者も多いと思う。M＆Aにおいては，課税関係が生じるのは売り手サイド（被買収会社，被買収会社の株主）であるため，買い手サイドについては，繰越欠損金が使えるのか，資産調整勘定（税務上ののれん）を認識できるのかという点が問題になりやすいが，外国の法人を買収するときのように，株式譲渡方式を採用した場合において，株主が変わることにより繰越欠損金の使用制限が生じたり，優遇税制の適用を受けることができなくなったりすることは稀であるため，買い手サイドの論点というのはM＆Aを行った時点においてはそれほど多くはない。

　そのため，論点としては，日本で生じた利益をどうやって海外に送金するのか，買収した内国法人を転売するときに，どうやって課税関係を少なくするの

かという論点に集約されることになる。

> ※ 厳密には、株主が変わることによる繰越欠損金の使用制限については、平成18年度税制改正により導入された欠損等法人についての規制（法法57の2，60の3）があるが、繰越欠損金を有するペーパー会社の売買などを想定して規定されているため、実務上、これに該当することはほとんどない。

(2) 買い手サイドの資金調達方法

外国法人が内国法人を買収する場合であっても、日本国内においてSPCを設立することにより、買収後の内国法人の負債比率をいかようにでも調整することが可能である（「第2章3　インバウンド税制」参照）。その結果、例えば、SPCの借入金の比率を高めた場合には、内国法人で獲得した利益を海外に送金する際には、支払利子という形で送金することが可能であるし、元本部分については、借入金の弁済という形で送金することが可能である。

また、日本法人に余剰資金や売却可能な有価証券がある場合には、買収後に、

■SPCを利用した内国法人の買収

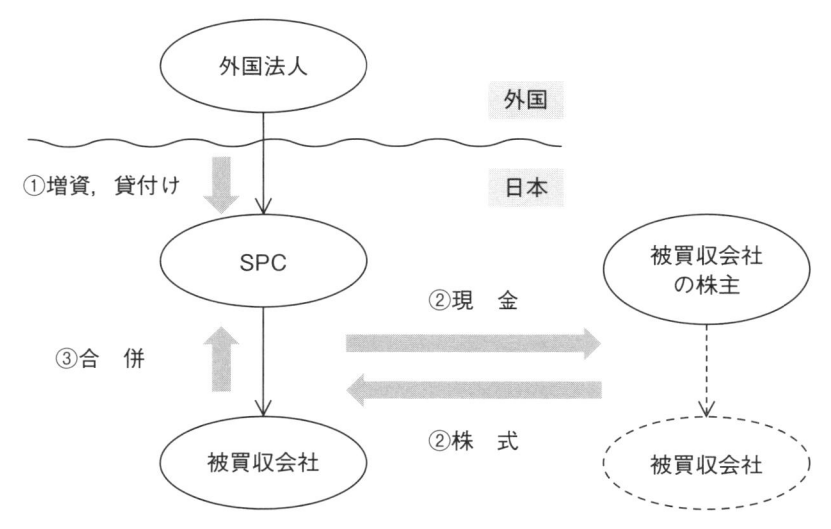

減資という手続を経ずに，借入金の返済という形で余剰資金を送金することが可能である。具体的には，下記の具体例を参照されたい。

具体例

前提条件

- 外国法人Ｐ社は，日本にSPCであるＡ社を設立し，内国法人Ｂ社の発行済株式の全部を取得した後に，Ｂ社を合併法人とし，Ａ社を被合併法人とする逆さ合併を行った。
- 逆さ合併を行った後に，Ｂ社の余剰資金のすべてを海外に送金した。
- Ａ社によるＢ社株式の取得価額は4,000百万円である。
- Ａ社の会計上の貸借対照表は以下のとおりである。

(単位：百万円)

資産		負債・純資産	
Ｂ社株式	4,000	諸　負　債	3,000
		資　本　金	1,000
合計	4,000	合計	4,000

- Ｂ社の会計上の貸借対照表は以下のとおりである。

(単位：百万円)

資産		負債・純資産	
余剰資金	3,000	諸　負　債	6,000
事業用資産	7,000	資　本　金	1,000
		利益剰余金	3,000
合計	10,000	合計	10,000

合併受入仕訳 (単位：百万円)

(子 会 社 株 式)	4,000	(諸　負　債)	3,000
		(資 本 剰 余 金)	1,000
(資 本 剰 余 金)	4,000	(子 会 社 株 式)	4,000

【余剰資金の送金】

（諸　負　債）　　3,000　　（余　剰　資　金）　　3,000

合併後の貸借対照表 （単位：百万円）

資産		負債・純資産	
事業用資産	7,000	諸　負　債	6,000
		資　本　金	1,000
		資本剰余金	△3,000
		利益剰余金	3,000
合計	7,000	合計	7,000

　このように，SPCを通じて内国法人を買収する場合には，合併後の負債比率をどのようにするのか，合併後に余剰資金をいくら吸い上げるのかという点について，ある意味，自由に調整することが可能であるといえる。

　それでは，合併後の負債比率を調整することにより何が大きく変わるのかというと，①内国法人の株主である外国法人の課税関係と，②内国法人において発生する支払利子の損金算入である。

　すなわち，租税条約の適用を無視すれば，我が国の国内法においては，配当等，貸付金利子のいずれを外国法人に対して支払ったとしても，配当等，貸付金利子の総額に対して20.42％を乗じた金額について所得税の源泉徴収がされて，課税関係が終了する（所法161四～六）。

　これに対し，内国法人においては，配当金を支払ったとしても損金の額に算入することができないのに対し，貸付金利子を支払った場合には，損金の額に算入することが可能である。ただし，過少資本税制，過大支払利子税制に抵触した場合には，その部分について，損金の額に算入することができないという制約がある（「第2章3⑷過少資本税制，過大支払利子税制」参照）。

　一般論であるが，日本の法人税の実効税率は他国のそれに比べて高率であり，日本における課税所得を小さくして，他国における課税所得を大きくするというタックスプランニングが行われることが多い。例えば，内国法人で支払利子

を損金算入することができたとして，外国法人で受取利子について課税を受けたとしても，日本の実効税率のほうが外国法人の所在地国よりも高いのであれば，グローバルでは税負担を軽減することが可能である。

さらに，租税条約により，内国法人から外国法人に対する配当金の支払いについて源泉所得税が課されず，貸付金利子の支払いについてのみ20.42％の源泉税が課されるような場合であっても，当該外国法人の所在地国において外国税額控除の制度があることが一般的であり，当該外国法人の法人税から日本において支払った源泉所得税を控除することができることが多い。

そのため，当該外国法人の所在地国の法令により，外国税額控除の適用が部分的にしかできないような場合であったとしても，一般的には，当該外国法人の日本における源泉所得税の支払金額と所在地国における法人税の支払金額の合計が，当該内国法人における節税効果を下回っており，グローバルでは，税負担が軽減されていることが多いことから，過少資本税制，過大支払利子税制に抵触しない範囲内で負債の比率を高くすることが多いと考えられる。

※　上記に加え，借入金の代わりに匿名組合出資金により資金調達を行った場合においても，同様の議論があり，さらに，租税条約の適用や，外国法人の所在地国の法令上，匿名組合分配金による収入のほうが，受取利子による収入よりも税負担が小さいこともあるため，一応は検討に値する論点である。
　　しかしながら，匿名組合の性質上，支配株主として出資をしておきながら，匿名組合員としても出資をするということがなじまないことや，匿名組合による資金調達についての否認事例も多く，実務上は，ハードルが高いことも多いため，本書においては，詳細な解説は省略する。

(3) 買い手サイドのエグジットの論点

この論点については，内国法人の株式を保有している法人が，どの国から投資をしているのかによって結論が変わってくる。

なぜなら，日本と諸外国との租税条約において，株式譲渡益，みなし配当に対する課税関係が異なってくるからである（「第2章3　インバウンド税制」参照）。この場合における具体的な取扱いについては，第5章を参照されたい。

第4章

外国法人を対象としたM&Aにおける有利・不利判定
（ケーススタディ）

本章のポイント

　本章では，「外国法人株主より，同一国に所在する外国法人を買収し，100％子会社にする」場合について，第3章と同様，基本的なケースである株式譲渡方式と事業譲渡方式を比較する形で解説を行う。
　ここでの比較検討については，前提条件の数値に応じて行っており，実務上は，個々のケースにより結論が異なることもあり得るため，留意が必要である。

■株式譲渡方式

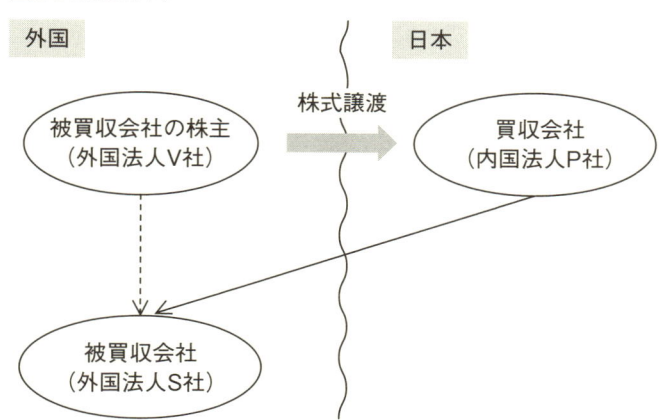

外国　　　　　　　　　　　　日本

被買収会社の株主　　株式譲渡　　買収会社
（外国法人V社）　　　　→　　　（内国法人P社）

被買収会社
（外国法人S社）

■事業譲渡方式

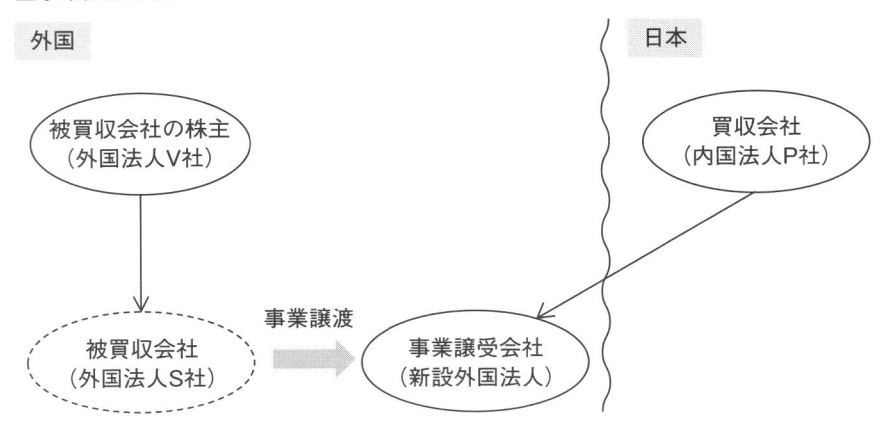

外国　　　　　　　　　　　　　　　　日本

被買収会社の株主
（外国法人V社）

買収会社
（内国法人P社）

被買収会社
（外国法人S社）
――事業譲渡→
事業譲受会社
（新設外国法人）

　なお，特に外国法人を買収する場合，株式譲渡方式と事業譲渡方式のいずれの方式を採用するかについては，税務の観点から，最低限以下のような要素を考慮し，売り手と交渉すべきと考えられる。

	株式譲渡方式	事業譲渡方式
利点	被買収会社に繰越欠損金がある場合や優遇税制の適用を受けている場合，それらを利用できる可能性が高い（ただし，国によっては，株主変更により繰越欠損金等が失効することがある）。	税務上，減価償却資産の簿価を市場価格までステップ・アップさせ，償却費を通じて将来の課税所得を圧縮できる（また，国によっては，節税効果をもつ「のれん」を認識することができる）。
問題点	税務上，超過収益力に見合う「のれん」部分は株式の簿価に含まれるため，売却等しない限り課税所得を圧縮する効果が生じない。	被買収会社の繰越欠損金や優遇税制は基本的には引き継げない（ただし，新設会社が新たに優遇税制の申請を行える可能性はある）。

　さらに，実務的には，外国法人を買収する場合，税務以外の観点も重要になることが多いため，本書の対象外ではあるが，以下のような視点も指摘しておく。例えば，新興国でありがちなケースだが，デュー・デリジェンスによっても実態がつかみづらい被買収会社については，簿外債務等の切り離しのために

資産買収（事業譲渡方式）を採用せざるを得ないこともある。

	株式譲渡方式	事業譲渡方式
利点	従業員等の人的資源や会社組織をそのまま引き継ぐことができる。	取得する資産・負債の取捨選択が可能である。
	被買収会社が保有する契約やライセンスを維持できる（ただし，株主変更が契約の有効性に影響を与えないことを確認する必要がある）。	簿外債務や偶発債務を法的に切り離すことができる。
問題点	取得する資産・負債の取捨選択ができない。	従業員等を新たに採用し，会社組織を新たに構築する必要がある。
	簿外債務や偶発債務をそのまま引き継いでしまうため，株式購入契約書の表明・保証条項等でカバーする必要がある。	被買収会社が保有する契約やライセンスは新たに締結し直す必要がある。

　この外国法人を対象とする買収における売り手サイド（被買収会社および被買収会社の株主）および買い手サイド（買収会社および事業譲受会社）の主な検討ポイントは以下のとおりである。買収交渉を考えると，相手方のポジションを把握しておくことも必要になる。

■売り手サイドの検討ポイント

買収形態	検討主体	検討ポイント
株式譲渡方式	被買収会社の株主	譲渡益課税の有無および税率（譲渡益課税がない国や税率が通常と異なる国があるため）
事業譲渡方式	被買収会社	事業譲渡の際の課税関係
	被買収会社の株主	事業譲渡後の国内子会社からの配当および国内子会社の清算の課税関係

■買い手サイドの検討ポイント

買収形態	検討主体	検討ポイント
株式譲渡方式	被買収会社	繰越欠損金を保有している場合，買収による株主変更が与える影響（一定割合以上の株主変更により繰越欠損金が失効する国があるため）
		優遇税制の適用を受けている場合，買収による株主変更が与える影響（株主変更により優遇税制が継続できなくなる可能性があるため）
事業譲渡方式	事業譲受会社	のれん（およびその他の無形資産）の償却可否（税務上のれんの償却が認められていない国があるため）

また，本章のケーススタディでは，議論を単純化させるために以下の前提を置いている。

【第4章のケーススタディの前提】
- 日本の法人税，住民税および事業税における実効税率は35％である（つまり，会社の規模，所在地，外形標準課税の適用の有無，同族会社の留保金課税の適用の有無による実効税率の違いは無視する）。
- 復興特別法人税の適用に伴う事業年度ごとの実効税率の違い（具体的には，平成27年3月31日までの法人税率の引上げ）については無視する。
- 間接税については無視する。
- 買収に伴う付随費用は発生していない。
- 節税効果の計算においては，時間的価値は考慮しない。
- 被買収会社の資本金等の額と被買収会社の株主における被買収会社株式の帳簿価額は一致している。
- 事業譲渡方式による場合，買収会社は全額出資により受け皿会社を新設する（ケース6を除き，融資は行わない）。
- 事業譲渡方式による場合，被買収会社は事業譲渡後，残存する利益剰余金を（通常の配当として）全額配当のうえ解散し，被買収会社の株主に

> は子会社の清算損益は発生しない（被買収会社の資本金等の額と被買収会社の株主における被買収会社株式の帳簿価額は一致しているため）。
> - 同一国内における配当については，源泉税は課されない。
> - 被買収会社の株式の価値はその時価純資産（のれんを含む）に等しい。
> - いずれの法人も，自国の外に恒久的施設（PE）を有しない。
> - 外国法人に係る数値についても，（換算後の）円貨で表示する。

なお，本章においては，日本における「法人税，住民税及び事業税」と海外における「法人所得税等の課税所得に連動する税金」を総称して「法人所得税」と呼ぶこととする。

ケース1 含み益の原因が「のれん」を含む無形資産であるケース

(1) 事業譲受会社において，税務上「のれん」の償却ができるケース

前提条件

- 内国法人であるP社は，A国に所在するS社を買収する。
- 被買収会社S社の株主は，同じくA国に所在するV社であり，S社の発行済株式のすべてを保有している。
- 被買収会社の株主V社における被買収会社S社株式の取得価額は1,000百万円である。
- 株式譲渡の場合，被買収会社S社株式の譲渡価額は9,000百万円である。
- 事業譲渡の場合も，S社事業の譲渡価額は9,000百万円である。
- A国における実効税率は40%である。
- A国においては，一定以上の保有割合の国内子会社からの受取配当金については非課税とされている。
- A国においては，事業譲渡に伴い認識される「のれん」について，償却費の損金算入が認められる。
- S社の事業について，毎期，のれんの償却費以上の課税所得の発生が見込まれている。

[被買収会社の貸借対照表] （単位：百万円）

	税務簿価	時価		税務簿価	時価
資産	10,000	10,000	負債	6,000	6,000
のれん		5,000	資本金等	1,000	1,000
			利益積立金	3,000	8,000
	10,000	15,000		10,000	15,000

（簿価純資産4,000百万円，時価純資産9,000百万円）

第4章 外国法人を対象としたM&Aにおける有利・不利判定(ケーススタディ) ◆115

法人所得税の課税関係

まず,(イ)被買収会社側(被買収会社およびその株主),(ロ)買収会社側(買収会社および事業譲受会社)における法人所得税の課税関係を検討する。

(イ) 被買収会社側の税負担

	株式譲渡方式	事業譲渡方式
被買収会社 (A国S社)	株主が変わるだけなので,課税関係は発生しない。	事業譲渡益5,000百万円について課税される。 ➡実効税率が40%なので,税負担は以下のとおり。 (譲渡価額－譲渡原価)×40% =(9,000百万円－4,000百万円)×40% =2,000百万円
被買収会社の株主 (A国V社)	株式譲渡益8,000百万円について課税される。 ➡実効税率が40%なので,税負担は以下のとおり。 (譲渡価額－譲渡原価)×40% =(9,000百万円－1,000百万円)×40% =3,200百万円	受取配当金6,000百万円(注)については,益金不算入となり,課税されない。
合計	税負担　3,200百万円	税負担　2,000百万円

(注) 被買収会社S社における事業譲渡後の配当可能額

①	②＝①×税率	③＝①－②	④	⑤＝③＋④
事業譲渡益	課税	税引後利益	事業譲渡前利益積立金	配当可能額
5,000	2,000	3,000	3,000	6,000

(ロ) 買収会社側の税負担

	株式譲渡方式	事業譲渡方式
買収会社 (日本P社)	単なる株式の取得なので、課税関係は発生しない。	同左。
事業譲受会社 (A国新設会社)		のれん5,000百万円を認識したことにより、将来の課税負担が圧縮される。 ➡実効税率が40%なので、税負担の軽減は以下のとおり。 5,000百万円×40% ＝2,000百万円の税負担の軽減
合計	税負担　0百万円	税負担　△2,000百万円

(ハ) 合　計

	株式譲渡方式	事業譲渡方式	有利・不利判定
被買収会社側	3,200百万円	2,000百万円	事業譲渡方式が有利
買収会社側	0百万円	△2,000百万円	事業譲渡方式が有利
合計	3,200百万円	0百万円	事業譲渡方式が有利

総　括

　ここでは、被買収会社側、買収会社側、いずれの観点からも、事業譲渡方式のほうが有利という結論になっている。以下、被買収会社側と買収会社側に分けて解説する。

▶被買収会社側

　まず、被買収会社側（被買収会社およびその株主）を見ると、事業譲渡方式のほうが株式譲渡方式より有利になっている。これは、端的には、事業譲渡方式の場合、被買収会社における事業譲渡前の利益積立金が課税の対象とならないためである。

　すなわち、事業譲渡方式の場合、被買収会社において事業譲渡益5,000百万円が課税の対象となるものの、その後の配当は被買収会社の株主において課税

されず，当該事業譲渡益への課税が最終的な税負担となる。一方，株式譲渡方式の場合，株式譲渡益8,000百万円が課税の対象となるが，これは被買収会社の事業譲渡前の利益積立金（3,000百万円）と事業の含み益（のれん部分。5,000百万円）に分解できる。

つまり，事業の含み益5,000百万円については，いずれの方式でも課税の対象となるが，事業譲渡前の利益積立金3,000百万円は株式譲渡方式の場合のみ課税の対象になっているといえ，これが有利・不利の原因となっている。

ただし，この結論は，A国において国内子会社からの配当（ここでは6,000百万円）が非課税であることが前提になっている。一定の保有割合（および保有期間）以上の国内子会社からの配当については，多くの国において非課税（あるいは非課税に近い取扱い）とされていると考えられるが，進出先国における配当の課税関係をあらかじめ確認しておく必要がある。

例えば，米国においては，端的には46日以上の保有期間があり，80％以上の保有割合の国内子会社から受領した配当は100％受取配当控除（DRD：Dividend Received Deduction）が適用でき，実質的に全額益金不算入の扱いとなる。

また，ドイツのように，法人税は保有割合にかかわらず95％免税となるなど，特殊な制度を持つ国もある（ただし，別途営業税の課税関係の考慮は必要）。

なお，本ケースでは，「被買収会社は事業譲渡後，残存する利益剰余金を（通常の配当として）全額配当」することを前提としているが，実際には，子会社の清算に伴う損益について，その株主である親会社で課税が行われることもあるため，注意を要する。

また，本ケースの結論は「被買収会社側で事業（のれん）に含み益があれば，それが（被買収会社の株主が保有している）被買収会社株式の含み益として反映される」ということを前提としている点にも注意が必要である。

▶買収会社側

次に，買収会社側（買収会社および事業譲受会社）を見ても，事業譲渡方式のほうが株式譲渡方式より有利になっている。これは，事業譲渡方式の場合，のれんの償却による節税効果が見込めるためである。ただし，これはA国が税務上のれんの償却を認めているからであり，税務上のれんの償却が認められない国においては，基本的に当該節税効果は存在しない（(3)参照）。

また，のれんの節税効果があるのは，被買収会社の事業を引き継ぐ新設会社において十分な（のれんの償却費を上回る）課税所得の発生が見込まれる場合に限られる。実際のキャッシュ・アウトを伴う納税額の多寡という有利・不利に比して，のれんの節税効果の有無による有利・不利は，将来見込みに左右される要素が強いため，注意を要する。

▶その他の留意事項

以上のように，法人所得税の観点だけでいうと，被買収会社側，買収会社側，いずれから見ても，事業譲渡方式のほうが有利という結論になっている。

ここで，事業譲渡方式による場合の被買収会社側の税負担2,000百万円と買収会社側の節税効果△2,000百万円が（正負逆で）一致しているのは偶然ではなく，これらの金額は，いずれもS社事業の含み益の金額5,000百万円がベースになっている。すなわち，被買収会社側では事業譲渡により含み益5,000百万円が課税され，買収会社側ではそれがのれんとして節税効果をもつということである。言い換えると，事業譲渡方式の場合には，被買収会社で事業の含み益について課税されても，買収会社で取り戻すことができるため，時間的価値を無視した場合には，被買収会社における税負担と事業譲受会社における節税メリットは等しくなるといえる。

なお，実際には，不動産取得（譲渡）税等の不動産の移転に係る諸税，登録免許税，付加価値税などの流通税も含めた総合的な判定が必要になるため，ご

留意されたい。

(2) 事業譲受会社において，税務上「のれん」の償却はできないが，一定の無形資産は償却できるケース

前提条件

- 内国法人であるＰ社は，Ｂ国に所在するＳ社を買収する。
- 被買収会社Ｓ社の株主は，同じくＢ国に所在するＶ社であり，Ｓ社の発行済株式のすべてを保有している。
- 被買収会社の株主Ｖ社における被買収会社Ｓ社株式の取得価額は1,000百万円である。
- 株式譲渡の場合，被買収会社Ｓ社株式の譲渡価額は9,000百万円である。
- 事業譲渡の場合も，Ｓ社事業の譲渡価額は9,000百万円である。
- Ｂ国における実効税率は32％であるが，株式あるいは事業の譲渡益（キャピタル・ゲイン）については22％の税率で課税される。
- Ｂ国においては，国内子会社からの受取配当金については課税されない。
- Ｂ国においては，事業譲渡に伴い認識される「のれん」について，償却費の損金算入は認められないが，一定の無形資産については償却費の損金算入が認められる。
- Ｓ社の事業について，毎期，無形資産の償却費以上の課税所得の発生が見込まれている。

[被買収会社の貸借対照表] （単位：百万円）

	税務簿価	時価		税務簿価	時価
資産	10,000	10,000	負債	6,000	6,000
のれん		3,000	資本金等	1,000	1,000
その他無形資産		2,000	利益積立金	3,000	8,000
	10,000	15,000		10,000	15,000

（簿価純資産4,000百万円，時価純資産9,000百万円）

法人所得税の課税関係

まず、(イ)被買収会社側(被買収会社およびその株主)、(ロ)買収会社側(買収会社および事業譲受会社)における法人所得税の課税関係を検討する。

(イ) 被買収会社側の税負担

	株式譲渡方式	事業譲渡方式
被買収会社 (B国S社)	株主が変わるだけなので、課税関係は発生しない。	事業譲渡益5,000百万円について課税される。 ➡キャピタル・ゲイン課税の税率が22%なので、税負担は以下のとおり。 (譲渡価額－譲渡原価)×22% ＝(9,000百万円－4,000百万円)×22% ＝1,100百万円
被買収会社の株主 (B国V社)	株式譲渡益8,000百万円について課税される。 ➡キャピタル・ゲイン課税の税率が22%なので、税負担は以下のとおり。 (譲渡価額－譲渡原価)×22% ＝(9,000百万円－1,000百万円)×22% ＝1,760百万円	受取配当金6,900百万円(注)については、益金不算入となり、課税されない。
合計	税負担　1,760百万円	税負担　1,100百万円

(注) 被買収会社S社における事業譲渡後の配当可能額

①	②＝①×税率	③＝①－②	④	⑤＝③＋④
事業譲渡益	課税	税引後利益	事業譲渡前 利益積立金	配当可能額
5,000	1,100	3,900	3,000	6,900

第4章 外国法人を対象としたM&Aにおける有利・不利判定（ケーススタディ） ◆121

実務上の ポイント	キャピタル・ゲインの税務上の取扱いについては，国によって大きく異なる。日本のように，他の所得と区別せず，通常の税率を適用する国もあれば，インドのようにキャピタル・ゲインには対象資産の保有期間に応じて，通常とは異なる税率を適用する国もある（本ケースにおけるＢ国もこのパターンである）。また，オランダのように一定以上の保有割合を要件として株式のキャピタル・ゲインを免税とする国もあれば（いわゆる「資本参加免税」），シンガポールのように，そもそもキャピタル・ゲインが非課税の国もある。 　株式譲渡方式と事業譲渡方式の有利・不利の検討にあたっては，このようなキャピタル・ゲインの課税関係を適切にシミュレーションに反映させることが重要になる。

（ロ）買収会社側の税負担

	株式譲渡方式	事業譲渡方式
買収会社 （日本Ｐ社）	単なる株式の取得なので，課税関係は発生しない。	同左。
事業譲受会社 （Ｂ国新設会社）		のれんの節税効果はないが，のれん以外の無形資産2,000百万円を認識したことにより，将来の課税負担が圧縮される。 ➡実効税率が32％なので，税負担の軽減は以下のとおり。 　2,000百万円×32％ 　＝640百万円の税負担の軽減
合計	税負担　0百万円	税負担　△640百万円

（ハ）合　計

	株式譲渡方式	事業譲渡方式	有利・不利判定
被買収会社側	1,760百万円	1,100百万円	事業譲渡方式が有利
買収会社側	0百万円	△640百万円	事業譲渡方式が有利
合計	1,760百万円	460百万円	事業譲渡方式が有利

総 括

ここでは，被買収会社側，買収会社側，いずれの観点からも，事業譲渡方式のほうが有利という結論になっている。以下，被買収会社側と買収会社側に分けて解説する。

▶被買収会社側

まず，被買収会社側（被買収会社およびその株主）を見ると，事業譲渡方式のほうが株式譲渡方式より有利になっているが，これは，(1)のケースと同様，事業譲渡方式の場合，被買収会社における事業譲渡前の利益積立金が課税の対象とならないためである。

▶買収会社側

次に，買収会社側（買収会社および事業譲受会社）を見ても，事業譲渡方式のほうが株式譲渡方式より有利になっている。これは，B国においては，税務上のれんの償却が認められないものの，一定の無形資産については償却が認められており，事業譲渡方式の場合，（のれん以外の）無形資産の償却による節税効果が見込めるためである。

例えば，インドにおいては，償却が認められる無形資産として，特許権や商標権等が列挙されており，これらの無形資産は税務上の償却が認められる。しかしながら，その中に「のれん」（goodwill）は含まれておらず，争いはあるものの，一般に「のれん」の償却は認められないと考えられている。

このような場合，節税効果という観点からは，事業譲渡時の購入対価の配分（PPA: Purchase Price Allocation）において，買収会社側は可能な限り，（のれんではなく）償却可能な無形資産に購入原価を配分すべきといえる。すなわち，一般論としては，事業譲渡にあたっては，対価の総額が先に決まることが多く，実質的にはその総額（取得原価の合計）について，事業を構成する個々の資産等に配分していくこととなる。この場合，事業譲受会社において受け入

れた資産に，法律上の権利などの分離して譲渡可能な無形資産（前述の特許権や商標権等）が含まれる場合には，このような無形資産に適切に取得原価を配分し，合理的な範囲で，償却不能な「のれん」の金額を圧縮するのが税務上は効率的ということになる。

なお，のれん以外の無形資産に係る節税効果についても，被買収会社の事業を引き継ぐ新設会社において十分な（その償却費を上回る）課税所得の発生見込みが要求される点は(1)のケースののれんの場合と同様である。

▶その他の留意事項

以上のように，法人所得税の観点だけでいうと，被買収会社側，買収会社側，いずれから見ても，事業譲渡方式のほうが有利という結論になっているが，実際には，不動産取得（譲渡）税等の不動産の移転に係る諸税，登録免許税，付加価値税などの流通税も含めた総合的な判定が必要になるため，ご留意されたい。

(3) 事業譲受会社において，税務上「のれん」の償却ができないケース

前提条件

- 内国法人であるP社は，B国に所在するS社を買収する。
- 被買収会社S社の株主は，同じくB国に所在するV社であり，S社の発行済株式のすべてを保有している。
- 被買収会社の株主V社における被買収会社S社株式の取得価額は1,000百万円である。
- 株式譲渡の場合，被買収会社S社株式の譲渡価額は9,000百万円である。
- 事業譲渡の場合も，S社事業の譲渡価額は9,000百万円である。
- B国における実効税率は32％であるが，株式あるいは事業の譲渡益（キャピタル・ゲイン）については22％の税率で課税される。

- B国においては，国内子会社からの受取配当金については課税されない。
- B国においては，事業譲渡に伴い認識される「のれん」について，償却費の損金算入は認められない。

[被買収会社の貸借対照表]　　　（単位：百万円）

	税務簿価	時価		税務簿価	時価
資産	10,000	10,000	負債	6,000	6,000
のれん		5,000	資本金等	1,000	1,000
			利益積立金	3,000	8,000
	10,000	15,000		10,000	15,000

（簿価純資産4,000百万円，時価純資産9,000百万円）

■法人所得税の課税関係

まず，（イ）被買収会社側（被買収会社およびその株主），（ロ）買収会社側（買収会社および事業譲受会社）における法人所得税の課税関係を検討する。

（イ）被買収会社側の税負担

	株式譲渡方式	事業譲渡方式
被買収会社 （B国S社）	株主が変わるだけなので，課税関係は発生しない。	事業譲渡益5,000百万円について課税される。 ➡キャピタル・ゲイン課税の税率が22％なので，税負担は以下のとおり。 （譲渡価額－譲渡原価）×22％ ＝（9,000百万円－4,000百万円）×22％ ＝1,100百万円
被買収会社の株主 （B国V社）	株式譲渡益8,000百万円について課税される。 ➡キャピタル・ゲイン課税の税率が22％なので，税負担は以下のとおり。	受取配当金6,900百万円(注)については，益金不算入となり，課税されない。

第4章　外国法人を対象としたM&Aにおける有利・不利判定（ケーススタディ）　125

被買収会社の株主 （B国V社）	（譲渡価額－譲渡原価）× 22％ ＝（9,000百万円－1,000百万円）×22％ ＝1,760百万円	
合計	税負担　1,760百万円	税負担　1,100百万円

（注）被買収会社S社における事業譲渡後の配当可能額

①	②＝①×税率	③＝①－②	④	⑤＝③＋④
事業譲渡益	課税	税引後利益	事業譲渡前 利益積立金	配当可能額
5,000	1,100	3,900	3,000	6,900

（ロ）買収会社側の税負担

	株式譲渡方式	事業譲渡方式
買収会社 （日本P社）	単なる株式の取得なので，課税関係は発生しない。	同左。
事業譲受会社 （B国新設会社）		のれんは税務上償却できないため，将来の課税負担を圧縮する効果はない。
合計	税負担　0百万円	税負担　0百万円

（ハ）合　計

	株式譲渡方式	事業譲渡方式	有利・不利判定
被買収会社側	1,760百万円	1,100百万円	事業譲渡方式が有利
買収会社側	0百万円	0百万円	有利・不利なし
合計	1,760百万円	1,100百万円	事業譲渡方式が有利

■**総　括**

　本ケースは，(2)のケースとほぼ同様の前提だが，含み益の全額がのれんである点が異なっている。本ケースのように，被買収会社の含み益の原因がのれんであるケースで，のれんが税務上償却できない場合であっても，主として被買

収会社側の観点から，全体として事業譲渡方式のほうが有利であるという結論になる。以下，被買収会社側および買収会社側の課税関係について解説する。

▶被買収会社側
　被買収会社側（被買収会社およびその株主）を見ると，事業譲渡方式のほうが株式譲渡方式より有利になっている。これは，(1)および(2)のケースと同様，事業譲渡方式では被買収会社が保有している含み益（ここでは5,000百万円）についてのみ課税されるのに対し，株式譲渡方式では被買収会社における課税済みの利益である利益積立金（3,000百万円）も課税の対象となり，660百万円（3,000百万円×22％）の税負担の追加が発生するからである。

▶買収会社側
　次に，買収会社側（買収会社および事業譲受会社）を見ると，株式譲渡方式と事業譲渡方式との間に有利・不利はない。これは，B国においては，税務上のれんの償却が認められず，これによる節税効果が見込めないためである。

▶その他の留意事項
　以上のように，法人所得税の観点だけでいうと，主として被買収会社側の観点から，全体として事業譲渡方式のほうが有利であるという結論になっているが，実際には，不動産取得（譲渡）税等の不動産の移転に係る諸税，登録免許税，付加価値税などの流通税も含めた総合的な判定が必要になるため，ご留意されたい。

ケース2　含み益の原因が土地であるケース

　ケース1(3)において，のれんの代わりに土地に含み益がある場合（例えば，被買収会社が以下のような貸借対照表の場合），課税関係は基本的にはケース1(3)と同様となる。

[被買収会社の貸借対照表]　　　　　　（単位：百万円）

	税務簿価	時価		税務簿価	時価
土地以外の資産	5,000	5,000	負債	6,000	6,000
土地	5,000	10,000	資本金等	1,000	1,000
			利益積立金	3,000	8,000
	10,000	15,000		10,000	15,000

　つまり，事業譲渡方式の場合でも，事業譲受会社に節税効果は生じないということになるが，これはあくまでも土地を売却する予定がないことが前提である。もし，売却する予定があれば，事業譲渡により簿価がステップ・アップしているため，含み益部分の節税効果が生じることになる。

　なお，土地が多額にある場合，事業譲渡方式では，不動産取得（譲渡）税等の不動産の移転に係る諸税が重要になる。また，株式譲渡方式の場合でも，不動産を多額に保有する法人の株式を譲渡した場合，被買収会社の所在地国によっては，被買収会社の株主に不動産の譲渡に係る税金を課されることもある（第6章ケース2参照）。

ケース3　株式購入前に多額の配当を行う手法

　ケース1で見たとおり，税務上，被買収会社の株主が法人株主である場合において，事業譲渡方式のほうが株式譲渡方式よりもメリットがある理由の1つとして，被買収会社の株主において発生する株式譲渡益を配当へ振り替えることができる点が挙げられる。

　そのため，類似の効果を出すために，株式譲渡前に，被買収会社が配当可能利益全額を配当することで株式譲渡益を圧縮し，受取配当金へ振り替えるという手法も一般的に行われている。

　ここでは，配当および株式譲渡益の課税関係として，(1)「配当は非課税，株式譲渡益は課税」というパターンと，(2)「配当も株式譲渡益も非課税」というパターンを見ていくこととする。

(1) 被買収会社の株主において，配当は非課税，株式譲渡益は課税のケース

前提条件

- 内国法人であるP社は，C国に所在するS社を買収する。
- 被買収会社S社の株主は，同じくC国に所在するV社であり，S社の発行済株式のすべてを保有している。
- 被買収会社の株主V社における被買収会社S社株式の取得価額は3,000百万円である。
- 株式譲渡前に配当を行わない場合，被買収会社S社株式の譲渡価額は4,000百万円である。
- C国における実効税率は25％である。
- C国においては，国内子会社からの受取配当金については課税されない。

第4章　外国法人を対象としたM&Aにおける有利・不利判定（ケーススタディ）　◆129

前提条件──譲渡前に配当を行った場合

- 上記の前提条件に加えて，V社による株式譲渡の前に，被買収会社S社が配当可能利益の全額（1,000百万円）について配当を行ったとする。
- この場合の被買収会社S社株式の譲渡価額は3,000百万円（＝4,000百万円－配当1,000百万円）となる。

［被買収会社の貸借対照表］　　　　（単位：百万円）

	税務簿価	時価		税務簿価	時価
資産	10,000	10,000	負債	6,000	6,000
			資本金等	3,000	3,000
			利益積立金	1,000	1,000
	10,000	10,000		10,000	10,000

（簿価純資産4,000百万円，時価純資産4,000百万円）

法人所得税の課税関係

　まず，（イ）被買収会社側（被買収会社およびその株主），（ロ）買収会社側（買収会社）における法人所得税の課税関係を検討する。

（イ）被買収会社側の税負担

	株式譲渡方式（配当なし）	株式譲渡方式（配当あり）
被買収会社 （C国S社）	株主が変わるだけなので，課税関係は発生しない。	同左。
被買収会社の株主 （C国V社）	株式譲渡益1,000百万円について課税される。 ➡実効税率が25％なので，税負担は以下のとおり。 （譲渡価額－譲渡原価）×25％ ＝（4,000百万円－3,000百万円）×25％ ＝250百万円	株式譲渡益の金額に等しい1,000百万円について，受取配当等の益金不算入の適用を受けるため，税負担は発生しない。 また，その後の株式譲渡においては，譲渡損益は発生せず，ここでも税負担は発生しない。
合計	税負担　250百万円	税負担　0百万円

(ロ) 買収会社側の税負担

	株式譲渡方式（配当なし）	株式譲渡方式（配当あり）
買収会社 （日本P社）	単なる株式の取得なので，課税関係は発生しない。	同左（ただし，株式の取得価額は3,000百万円となる）。
合計	税負担　0百万円	税負担　0百万円

(ハ) 合　計

	配当なし	配当あり	有利・不利判定
被買収会社側	250百万円	0百万円	配当をしたほうが有利
買収会社側	0百万円	0百万円	有利・不利なし
合計	250百万円	0百万円	配当をしたほうが有利

総　括

　被買収会社，被買収会社の株主，買収会社における法人所得税の課税関係は上記のとおりであり，被買収会社側（被買収会社およびその株主）から見て，株式譲渡前に配当を行うほうが有利という結果となっている。

　これは，C国のように，インカム・ゲイン（配当）とキャピタル・ゲイン（株式譲渡益）の課税関係に差異がある国において，一般に当てはまる結論である。すなわち，株式の売り手（被買収会社の株主）から見ると，株式譲渡前の配当は，課税対象となる株式譲渡益（の一部）を非課税の受取配当金に置き換える行為といえるからである。

　このケースでは，株式の含み益部分（1,000百万円）について，配当の形で受け取れば課税されないが，株式の譲渡対価の一部として受け取ると，250百万円（＝1,000百万円×25％）の課税が発生し，これが株式譲渡前に配当することによるメリットとなっている。

　非常に大雑把にいうと，日本の法人税法上の取扱いもそうだが，一定の要件を満たす国内子会社からの配当は非課税となるものの，国内子会社株式の譲渡益について課税される国は比較的多いものと思われる。

それ以外の項目については、同じ株式譲渡方式であることから通常であれば差異は発生しない。

ただし、被買収会社で配当を行ったことにより、被買収会社の自己資本が小さくなるため、買収会社が買収を行った後に増資を引き受ける必要性が生じる可能性がある。この場合、被買収会社において、日本における登録免許税のように、増資に伴う税負担（例えば、香港のcapital dutyなど）が発生する可能性が高い。

しかしながら、買収企業サイドにおける子会社政策上、特に増資を行う必要がないと判断された場合には、配当を行う方式のほうが、配当を行わない方式と比較して250百万円の節税効果があると判断される。

(2) 被買収会社の株主において、配当も株式譲渡益も非課税のケース

■前提条件
- 内国法人であるP社は、D国に所在するS社を買収する。
- 被買収会社S社の株主は、同じくD国に所在するV社であり、S社の発行済株式のすべてを保有している。
- 被買収会社の株主V社における被買収会社S社株式の取得価額は3,000百万円である。
- 株式譲渡前に配当を行わない場合、被買収会社S社株式の譲渡価額は4,000百万円である。
- D国における実効税率は17％であるが、株式の譲渡益については、一定の要件を満たせば、キャピタル・ゲインとして非課税となり、ここではその要件を満たしていると仮定する。
- D国においては、国内子会社からの受取配当金については課税されない。

■前提条件—譲渡前に配当を行った場合
- 上記の前提条件に加えて、V社による株式譲渡の前に、被買収会社S社が配当可能利益の全額（1,000百万円）について配当を行ったとする。

- この場合の被買収会社Ｓ社株式の譲渡価額は3,000百万円（＝4,000百万円－配当1,000百万円）となる。

[被買収会社の貸借対照表]　　　　　（単位：百万円）

	税務簿価	時価		税務簿価	時価
資産	10,000	10,000	負債	6,000	6,000
			資本金等	3,000	3,000
			利益積立金	1,000	1,000
	10,000	10,000		10,000	10,000

（簿価純資産4,000百万円，時価純資産4,000百万円）

法人所得税の課税関係

まず，（イ）被買収会社側（被買収会社およびその株主），（ロ）買収会社側（買収会社）における法人所得税の課税関係を検討する。

（イ）被買収会社側の税負担

	株式譲渡方式（配当なし）	株式譲渡方式（配当あり）
被買収会社 （Ｄ国Ｓ社）	株主が変わるだけなので，課税関係は発生しない。	同左。
被買収会社の株主 （Ｄ国Ｖ社）	株式譲渡益1,000百万円が発生するが，キャピタル・ゲインは非課税のため，税負担は発生しない。	株式譲渡益の金額に等しい1,000百万円について，受取配当等の益金不算入の適用を受けるため，税負担は発生しない。 なお，その後の株式譲渡により，譲渡損益は発生しない。
合計	税負担　0百万円	税負担　0百万円

（ロ）買収会社側の税負担

	株式譲渡方式（配当なし）	株式譲渡方式（配当あり）
買収会社 （日本Ｐ社）	単なる株式の取得なので，課税関係は発生しない。	同左（ただし，株式の取得価額は3,000百万円となる）。
合計	税負担　0百万円	税負担　0百万円

(ハ) 合　計

	株式譲渡方式	事業譲渡方式	有利・不利判定
被買収会社側	0百万円	0百万円	有利・不利なし
買収会社側	0百万円	0百万円	有利・不利なし
合計	0百万円	0百万円	有利・不利なし

総　括

　被買収会社，被買収会社の株主，買収会社における法人所得税の課税関係は上記のとおりであり，被買収会社・買収会社側のいずれから見ても，譲渡前配当による有利・不利はないという結果となっている。

　これは，D国のように，インカム・ゲイン（配当）とキャピタル・ゲイン（株式譲渡益）の課税関係に差異がない国において，一般に当てはまる結論である。例えば，法人株主についていうと，シンガポールにおいては，配当も株式譲渡益（キャピタル・ゲインに該当するもの）も非課税の扱いとなる。

　本ケースを被買収会社の株主の立場で見ると，株式の含み益部分（1,000百万円）について，配当の形で受け取っても，株式の譲渡対価の一部として受け取っても，いずれにせよ課税が発生しない。「配当も株式譲渡益も非課税（あるいは課税）」であれば，株式譲渡益（の一部）を受取配当金に置き換えても，節税効果がないのは当然といえる。

　また，それ以外の項目についても，同じ株式譲渡方式であることから通常であれば差異は発生しない。

　ただし，被買収会社で配当を行ったことにより，被買収会社の自己資本が小さくなるため，買収会社が買収を行った後に増資を引き受ける必要性が生じる可能性がある。この場合，被買収会社において，日本における登録免許税のように，増資に伴う税負担（例えば，香港のcapital dutyなど）が発生する可能性が高い。

したがって，特に買収後に増資を行う必要がある場合などは，株式譲渡前に配当を行うことがトータルの税負担を増加させる可能性もある。

　なお，一般的には，株式譲渡前の配当により，株式の譲渡対価は小さくなるため，例えば，買収会社側の資金調達の面などから，譲渡対価の調整が必要である場合には，節税効果がなくても，株式譲渡前の配当が一定の意味をもつ可能性がある。

ケース4　被買収会社において繰越欠損金があるケース

　ここでは，被買収会社が外国法人の子会社であり，かつ，多額の繰越欠損金があるケースについて解説を行う。国によっては，株主変更により繰越欠損金が失効することがあるため，(1)株主変更により繰越欠損金が失効しないケースと，(2)失効するケースに分けて見ていくこととする。

(1) 被買収会社において，株主変更により繰越欠損金が失効しないケース

前提条件

- 内国法人であるP社は，E国に所在するS社を買収する。
- 被買収会社S社の株主は，同じくE国に所在するV社であり，S社の発行済株式のすべてを保有している。
- 被買収会社の株主V社における被買収会社S社株式の取得価額は3,000百万円である。
- 株式譲渡の場合，被買収会社S社株式の譲渡価額は7,000百万円である。
- 事業譲渡の場合も，S社事業の譲渡価額は7,000百万円である。
- E国における実効税率は25％である。
- S社は税務上の繰越欠損金（△10,000百万円）を有している。
- E国においては，株主変更があった場合でも，一定の要件を満たせば繰越欠損金が失効せず，ここではその要件を満たしていると仮定する。
- S社においては，上記の繰越欠損金をすべて利用することができるだけの十分な将来収益が期待されている。
- E国においては，国内子会社からの受取配当金については課税されない。
- E国においては，事業譲渡に伴い認識される「のれん」について，償却費の損金算入は認められない。

[被買収会社の貸借対照表] （単位：百万円）

	税務簿価	時価		税務簿価	時価
資産	8,000	8,000	負債	6,000	6,000
のれん		5,000	資本金等	3,000	3,000
			利益積立金	△1,000	4,000
	8,000	13,000		8,000	13,000

（簿価純資産2,000百万円，時価純資産7,000百万円）

法人所得税の課税関係

まず，（イ）被買収会社側（被買収会社およびその株主），（ロ）買収会社側（買収会社および事業譲受会社）における法人所得税の課税関係を検討する。

（イ）被買収会社側の税負担

	株式譲渡方式	事業譲渡方式
被買収会社 （E国S社）	株主が変わるだけなので，課税関係は発生しない。	事業譲渡益が5,000百万円（＝7,000百万円－2,000百万円）発生するが，税務上の繰越欠損金（△10,000百万円）の範囲内のため，税負担は発生しない。
被買収会社の株主 （E国V社）	株式譲渡益4,000百万円について課税される。 ➡実効税率が25％なので，税負担は以下のとおり。 （譲渡価額－譲渡原価）×25％ ＝(7,000百万円－3,000百万円)×25％ ＝1,000百万円	受取配当金4,000百万円[注]については，益金不算入となり，課税されない。
合計	税負担　1,000百万円	税負担　0百万円

(注) 被買収会社S社における事業譲渡後の配当可能額

① 事業譲渡益	② 欠損金使用	③＝（①＋②）×税率 課税	④＝①－③ 税引後利益	⑤ 事業譲渡前利益積立金	⑥＝④＋⑤ 配当可能額
5,000	△5,000	0	5,000	△1,000	4,000

(ロ) 買収会社側の税負担

	株式譲渡方式	事業譲渡方式
買収会社 （日本P社）	単なる株式の取得なので，課税関係は発生しない。	同左。
被買収会社 （E国S社）／ 事業譲受会社 （E国新設会社）	株主変更により，繰越欠損金は影響を受けず，△2,500百万円（＝△10,000百万円×実効税率25％）の節税効果を有する。	繰越欠損金は事業譲受会社に引き継がれない。 また，のれんは税務上償却できないため，将来の課税負担を圧縮する効果はない。
合計	税負担　△2,500百万円	税負担　0百万円

(ハ) 合　計

	株式譲渡方式	事業譲渡方式	有利・不利判定
被買収会社側	1,000百万円	0百万円	事業譲渡方式が有利
買収会社側	△2,500百万円	0百万円	株式譲渡方式が有利
合計	△1,500百万円	0百万円	株式譲渡方式が有利

総　括

　ここでは，被買収会社側の観点からは事業譲渡方式のほうが有利であるが，買収会社側の観点からは株式譲渡方式のほうが有利であり，全体としても株式譲渡方式のほうが有利という結論になっている。これは，端的には，被買収会社の繰越欠損金が大きく，事業譲渡方式では繰越欠損金をすべて使用することができないためといえる。以下，被買収会社側と買収会社側に分けて解説する。

▶被買収会社側

　まず，被買収会社側（被買収会社およびその株主）を見ると，事業譲渡方式のほうが株式譲渡方式より有利になっている。これは，株式譲渡方式の場合，被買収会社の株主において譲渡益課税が行われるのに対し，事業譲渡方式の場合，被買収会社において発生する事業譲渡益は，その繰越欠損金の範囲内であれば課税されないためである。

　言い換えると，事業譲渡方式の場合，事業譲渡に伴って実現する（被買収会社ののれんを含む）資産の含み損益と相殺する形で，繰越欠損金を使用することができる。

　しかしながら，このケースでは，繰越欠損金△10,000百万円のうち，△5,000百万円しか使用できておらず，残額の△5,000百万円は実質的には失効したのと同じである。この点が，本ケースにおいて，買収会社側で（また全体としても）事業譲渡方式が不利になる原因の1つである。

▶買収会社側

　次に，買収会社側（買収会社および事業譲受会社）を見ると，株式譲渡方式のほうが事業譲渡方式より有利になっている。

　一般に，繰越欠損金を保有している外国法人を買収する場合，国によっては，買収により株主が変更になることで，繰越欠損金が失効する場合がある。この点については，シンガポールのように，繰越欠損金の使用にあたって株主変動テストという一定の要件への合致を要求する国や，ドイツのように，（被買収会社の）資産の含み益の額をもとに繰越欠損金の使用制限を課す国など，制度は国によって様々である。

　ただし，E国においては，株主変更があった場合でも，一定の要件を満たせば繰越欠損金が失効せず，本ケースはその要件を満たしているという前提である。したがって，株式譲渡方式の場合，被買収会社の繰越欠損金△10,000百万円を，将来にわたりそのまま使用することができるというメリットがある。こ

れは，前述のとおり，事業譲渡方式の場合，繰越欠損金△10,000百万円のうち，△5,000百万円を使用できないのとは対照的である。

ただし，第3章で見たように，繰越欠損金の繰越期限にも注意する必要がある。すなわち，欠損金の繰越可能期間は国によってまちまちであるが，仮に買収時点で繰越欠損金の使用期限が迫っている場合には，株式譲渡方式では，被買収会社の繰越欠損金を使用しきれない可能性がある。このような場合には，事業譲渡方式により，資産の含み益の実現で繰越欠損金を利用するほうが，全体として効率的になる可能性もある。

また，事業譲渡方式によれば，買収会社側でのれんの償却という節税メリットが得られる可能性もあるが，E国においては，のれんの償却が認められていないため，この点は判断に影響しない（ケース1⑶参照）。

▶被買収会社側と買収会社側の調整

以上のように，全体で見れば，株式譲渡方式のほうが有利であるが，被買収会社側（被買収会社の株主）にとっては，事業譲渡方式のほうが有利である。これは，被買収会社の株主にとっては，株式譲渡方式の場合は，自身にキャッシュ・アウトが生じる一方，繰越欠損金の温存は，買収会社側のメリットだからである。このように，株式譲渡方式と事業譲渡方式の間で，被買収会社側と買収会社側の利害が相反する場合，通常は譲渡対価で調整する（例えば，株式の譲渡価額を引き上げる）ことになると思われる。その意味でも，相手方の課税関係を把握しておくことは，非常に重要といえる。

なお，ケース3のとおり，株式譲渡前の配当を行えば，被買収会社の株主にとっての株式譲渡方式のデメリットを低減することが可能だが，このケースではS社に欠損があるので，この方法は基本的に選択できないと考えられる。

▶その他の留意事項

法人所得税の観点だけでいうと，以上のような結論になっているが，実際に

は，不動産取得（譲渡）税等の不動産の移転に係る諸税，登録免許税，付加価値税などの流通税も含めた総合的な判定が必要になるため，ご留意されたい。

(2) 被買収会社において，株主変更により繰越欠損金が失効するケース

前提条件

- 内国法人であるP社は，F国に所在するS社を買収する。
- 被買収会社S社の株主は，同じくF国に所在するV社であり，S社の発行済株式のすべてを保有している。
- 被買収会社の株主V社における被買収会社S社株式の取得価額は3,000百万円である。
- 株式譲渡の場合，被買収会社S社株式の譲渡価額は7,000百万円である。
- 事業譲渡の場合も，S社事業の譲渡価額は7,000百万円である。
- F国における実効税率は25％であるが，株式の譲渡益（キャピタル・ゲイン）については，一定の要件を満たせば非課税となり，ここではその要件を満たしていると仮定する。
- S社は税務上の繰越欠損金（△10,000百万円）を有している。
- F国においては，株主変更があった場合でも，一定の要件を満たせば繰越欠損金が失効しないが，ここではその要件を満たせず，繰越欠損金が失効すると仮定する。
- S社においては，以下ののれんの償却費も加味した将来の課税所得の発生見込みがあることから，上記の繰越欠損金をすべて利用することができると見込まれている。
- F国においては，国内子会社からの受取配当金については課税されない。
- F国においては，事業譲渡に伴い認識される「のれん」について，償却費の損金算入が認められる。

第4章 外国法人を対象としたM&Aにおける有利・不利判定（ケーススタディ） ◆141

［被買収会社の貸借対照表］ （単位：百万円）

	税務簿価	時価		税務簿価	時価
資産	8,000	8,000	負債	6,000	6,000
のれん		5,000	資本金等	3,000	3,000
			利益積立金	△1,000	4,000
	8,000	13,000		8,000	13,000

（簿価純資産2,000百万円，時価純資産7,000百万円）

■法人所得税の課税関係

まず，（イ）被買収会社側（被買収会社およびその株主），（ロ）買収会社側（買収会社および事業譲受会社）における法人所得税の課税関係を検討する。

（イ）被買収会社側の税負担

	株式譲渡方式	事業譲渡方式
被買収会社 （F国S社）	株主が変わるだけなので，課税関係は発生しない。	事業譲渡益が5,000百万円（＝7,000百万円－2,000百万円）発生するが，税務上の繰越欠損金（△10,000百万円）の範囲内のため，税負担は発生しない。
被買収会社の株主 （F国V社）	株式譲渡益4,000百万円が発生するが，キャピタル・ゲインは非課税のため，税負担は発生しない。	受取配当金4,000百万円(注)については，益金不算入となり，課税されない。
合計	税負担　0百万円	税負担　0百万円

（注）被買収会社S社における事業譲渡後の配当可能額

①	②	③＝（①＋②）×税率	④＝①－③	⑤	⑥＝④＋⑤
事業譲渡益	欠損金使用	課税	税引後利益	事業譲渡前利益積立金	配当可能額
5,000	△5,000	0	5,000	△1,000	4,000

(ロ) 買収会社側の税負担

	株式譲渡方式	事業譲渡方式
買収会社 （日本P社）	単なる株式の取得なので、課税関係は発生しない。	同左。
被買収会社 （F国S社）／ 事業譲受会社 （F国新設会社）	株主変更により被買収会社の欠損金は失効するので、買収会社側に繰越欠損金の節税効果は残らない。	繰越欠損金は事業譲受会社に引き継がれない。 しかしながら、のれん5,000百万円を認識したことにより、将来の課税負担が圧縮される。 ➡実効税率が25%なので、税負担の軽減は以下のとおり。 5,000百万円×25% ＝1,250百万円の税負担の軽減
合計	税負担　0百万円	税負担　△1,250百万円

(ハ) 合　計

	株式譲渡方式	事業譲渡方式	有利・不利判定
被買収会社側	0百万円	0百万円	有利・不利なし
買収会社側	0百万円	△1,250百万円	事業譲渡方式が有利
合計	0百万円	△1,250百万円	事業譲渡方式が有利

総括

ここでは、(1)のケースとは異なり、主として買収会社側の観点から、事業譲渡方式のほうが有利という結論になっている。これは、端的には、株式譲渡方式の場合、F国において繰越欠損金の継続使用に係る要件を満たさず、繰越欠損金が失効することを前提としているからである。つまり、(1)のケースで見た株式譲渡方式のメリットが、このケースではなくなっていることになる。以下、被買収会社側と買収会社側に分けて解説する。

▶被買収会社側

まず、被買収会社側（被買収会社およびその株主）を見ると、事業譲渡方式

については、事業譲渡を行っても、譲渡損益を上回るだけの繰越欠損金があるため、課税所得は発生せず、配当も非課税という前提なので、税負担は発生しない。これは(1)のケースと同様である。一方、株式譲渡方式についても、F国では、一定の要件を満たせば、キャピタル・ゲインとして非課税となり、ここではその要件を満たしているので、何らの課税関係も生じていない。したがって、被買収会社側からは事業譲渡方式と株式譲渡方式の間に有利・不利はない。

▶買収会社側

次に、買収会社側（買収会社および事業譲受会社）について考えると、一般的には、株式譲渡方式によれば、繰越欠損金を将来的に利用できるというメリットが考えられる。一方、事業譲渡方式によれば、買収会社側でのれんの償却による節税効果というメリットが得られる（ただし、いずれも被買収会社の事業から、繰越欠損金あるいはのれんの金額を上回る課税所得の発生が見込まれる場合に限られる）。

買収会社側から見た有利・不利はこれらのバランスということになるが、F国の場合、買収によって株主が変更になることで、繰越欠損金が失効するため、(1)のケースと異なり、株式譲渡方式のメリットは存在しない。これに対して、F国では税務上ものれんの償却が認められているため、事業譲渡方式の場合には、のれんの償却による節税メリットを得ることが可能になる。

▶その他の留意事項

以上のように、法人所得税の観点だけでいうと、全体で見れば、事業譲渡方式のほうが有利である。また、(1)のケースとは異なり、被買収会社側と買収会社側の利害も相反しないため、事業譲渡方式がとられる可能性は高い。ただし、実際には、不動産取得（譲渡）税等の不動産の移転に係る諸税、登録免許税、付加価値税などの流通税も含めた総合的な判定が必要になるため、ご留意されたい。

> **実務上の ポイント**
>
> 　買収が被買収会社の繰越欠損金に与える影響を検討するにあたっては，このケースのような株主変更のほか，事業内容の変更の有無の検討が必要になるケースがある。これは，例えば，英国における事業損失（trading losses）の繰越しのように，繰越欠損金の利用に対して，事業の同一性を求める（繰越欠損金が発生した事業と同一の事業から発生した所得とのみ相殺することを認める）場合が該当する。
>
> 　また，前述のとおり，ドイツのように，含み益など他の要素を勘案することが必要になる場合もある。
>
> 　さらに，株主変更による繰越欠損金への影響の検討と同様，国によっては，いわゆる未控除の減価償却費の繰越し（例えば，シンガポールにおけるunutilised capital allowances）が株主変更や事業内容の変更による影響を受けることがあり，この点も併せて検討が必要になることが多い。

第4章　外国法人を対象としたM&Aにおける有利・不利判定（ケーススタディ）　145

ケース5　被買収会社が優遇税制の適用を受けているケース

前提条件

- 内国法人であるP社は，G国に所在するS社を買収する。
- 被買収会社S社の株主は，同じくG国に所在するV社であり，S社の発行済株式のすべてを保有している。
- 被買収会社の株主V社における被買収会社S社株式の取得価額は3,000百万円である。
- 株式譲渡の場合，被買収会社S社株式の譲渡価額は4,000百万円である。
- 事業譲渡の場合も，S社事業の譲渡価額は4,000百万円である。
- G国における実効税率は20％であるが，S社は優遇税制の適用を受けており，今後8年間にわたって，法人所得税が免税となる。
- G国においては，一定以上の保有割合の国内子会社からの受取配当金については非課税とされている。
- G国においては，株主変更があった場合でも，一定の要件を満たせば優遇税制の継続が可能となり，ここではその要件を満たしていると仮定する。
- ただし，G国に新設した子会社が事業を譲り受けた場合は，優遇税制の引継ぎはできない。
- S社においては，買収後は毎年500百万円の課税所得の発生が見込まれる。

［被買収会社の貸借対照表］　　　　　　　　（単位：百万円）

	税務簿価	時価		税務簿価	時価
資産	10,000	10,000	負債	6,000	6,000
のれん			資本金等	3,000	3,000
			利益積立金	1,000	1,000
	10,000	10,000		10,000	10,000

（簿価純資産4,000百万円，時価純資産4,000百万円）

法人所得税の課税関係

まず，(イ) 被買収会社側（被買収会社およびその株主），(ロ) 買収会社側（買収会社および事業譲受会社）における法人所得税の課税関係を検討する。

(イ) 被買収会社側の税負担

	株式譲渡方式	事業譲渡方式
被買収会社 （G国S社）	株主が変わるだけなので，課税関係は発生しない。	事業譲渡損益は発生せず，税負担も発生しない。
被買収会社の株主 （G国V社）	株式譲渡益1,000百万円について課税される。 ➡実効税率が20％なので，税負担は以下のとおり。 （譲渡価額－譲渡原価）×20％ ＝(4,000百万円－3,000百万円)×20％ ＝200百万円	受取配当金1,000百万円(注)については，益金不算入となり，課税されない。
合計	税負担　200百万円	税負担　0百万円

(注) 被買収会社S社における事業譲渡後の配当可能額

①	②＝①×税率	③＝①－②	④	⑤＝③＋④
事業譲渡益	課税	税引後利益	事業譲渡前利益積立金	配当可能額
0	0	0	1,000	1,000

(ロ) 買収会社側の税負担

	株式譲渡方式	事業譲渡方式
買収会社 （日本P社）	単なる株式の取得なので，課税関係は発生しない。	同左。
被買収会社 （G国S社）／ 事業譲受会社 （G国新設会社）	株主変更により，優遇税制は影響を受けず，△800百万円（＝500百万円×実効税率20％×8年）の節税効果を有する。	優遇税制は事業譲受会社に引き継がれない。 また，そもそも事業にのれんが存在せず，節税効果は発生しない。
合計	税負担　△800百万円	税負担　0百万円

(ハ) 合　計

	株式譲渡方式	事業譲渡方式	有利・不利判定
被買収会社側	200百万円	0百万円	事業譲渡方式が有利
買収会社側	△800百万円	0百万円	株式譲渡方式が有利
合計	△600百万円	0百万円	株式譲渡方式が有利

総　括

　ここでは，被買収会社側の観点からは事業譲渡方式のほうが有利であるが，買収会社側の観点からは株式譲渡方式のほうが有利であり，全体としても株式譲渡方式のほうが有利という結論になっている。端的には，被買収会社の優遇税制の節税効果が大きく，優遇税制を引き継ぐことができない事業譲渡方式よりも，それを引き継ぐことができる株式譲渡方式のほうが有利ということになる。以下，被買収会社側と買収会社側に分けて解説する。

▶被買収会社側

　まず，被買収会社側（被買収会社およびその株主）を見ると，事業譲渡方式のほうが株式譲渡方式より有利になっている。これは，端的には，事業譲渡方式の場合，被買収会社における事業譲渡前の利益積立金が課税の対象とならないためである。詳細については，ケース1(1)を参照されたい。

▶買収会社側

　次に，買収会社側（買収会社および事業譲受会社）を見ると，株式譲渡方式のほうが事業譲渡方式より有利になっている。
　すなわち，優遇税制の適用を受けている会社を買収する場合，事業譲渡方式によれば，優遇税制は基本的には被買収会社の事業を引き継ぐ新設会社には引き継がれない（ただし，新設会社が新たに優遇税制の適用を受けられる可能性はある）。
　このケースでも，G国に新設した子会社が事業を譲り受けた場合，優遇税制

の引継ぎはできないこととなっているため，事業譲渡方式による場合，「今後8年間にわたって，法人所得税が免税」という魅力的な優遇税制による節税効果を失うこととなる。このような場合，そもそも被買収会社の事業からの所得が見込めない場合を除いては，事業譲渡方式が不利になることは多い。

　また，通常は事業譲渡方式によれば，買収会社側でのれんの償却という節税メリットが得られるという点がある。しかしながら，このケースでは，事業に含み益（のれん部分）が存在しないので，この点は考慮されていない。

　同じ状況で，株式譲渡方式を考えてみると，優遇税制の適用を受けている会社を買収する場合，国または地域によっては（あるいは優遇税制の種類によっては），買収によって株主が変更になることで，優遇税制が失効する可能性がある。ただし，株主変更等の必要な手続（例えば，タイにおいては，優遇税制等の恩典を所管する投資委員会（BOI：Board of Investment）への通知など）を踏めば，優遇税制の適用を継続できる場合が多いものと思われる。

　G国においては，株主変更があった場合でも，一定の要件を満たせば優遇税制の継続が可能となり，ここではその要件を満たしていることが前提となっている。本ケースでは，優遇税制の内容から，被買収会社において，今後8年間に発生が見込まれる課税所得に対応する税額分だけの節税効果があるといえる。

▶被買収会社側と買収会社側の調整

　全体で見れば，株式譲渡方式のほうが有利だが，被買収会社側（被買収会社の株主）にとっては，事業譲渡方式のほうが有利である。これは，株式譲渡方式の場合は，自身にキャッシュ・アウトが生じる一方，将来にわたる優遇税制の継続は，買収会社側のメリットだからである。このように，株式譲渡方式と事業譲渡方式の間で，被買収会社側と買収会社側の利害が相反する場合，通常は譲渡対価で調整することになると思われる。また，ケース3のような，株式譲渡前の配当も検討の余地がある。

　いずれにせよ，このような交渉にあたっては，相手方の課税関係を把握して

おくことが非常に重要といえる。

▶その他の留意事項
　法人所得税の観点だけでいうと，以上のような結論になっているが，実際には，不動産取得（譲渡）税等の不動産の移転に係る諸税，登録免許税，付加価値税などの流通税も含めた総合的な判定が必要になるため，ご留意されたい。

ケース6　被買収会社（事業譲受会社）に融資するケース

(1) 基本的な考え方

ここまでは出資を前提としてきたが，特に事業譲渡方式による買収の場合，実際には出資に代えて融資によることも可能である（株式譲渡方式の場合でも，買収後に外国子会社の資本構成を変更することは可能）。

一般に，出資と融資では買収後の税負担が変わってくる。

すなわち，出資の場合，日本への資金還流は配当によることになるが，その課税関係は第2章で見たとおりである。具体的には，外国子会社は税引後利益から配当を支払い，日本親会社では，基本的に外国子会社配当益金不算入制度が適用される。したがって，現地の税率のほか，配当源泉税率が重要になる。

これに対して，融資の場合，外国子会社は税引前利益から利息を支払い，支払利息は一般に子会社側で損金算入される。一方，日本親会社では，利息は益金算入される。したがって，日本の税率との比較で見た現地の税率のほか，外国税額控除の問題が生じる場合には特に，利子源泉税率も重要になる。

■融資による場合

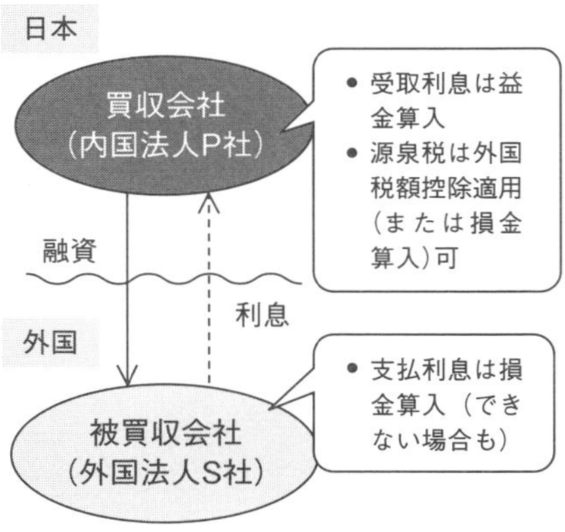

日本
買収会社（内国法人P社）
- 受取利息は益金算入
- 源泉税は外国税額控除適用（または損金算入）可

融資　利息

外国
被買収会社（外国法人S社）
- 支払利息は損金算入（できない場合も）

■出資による場合

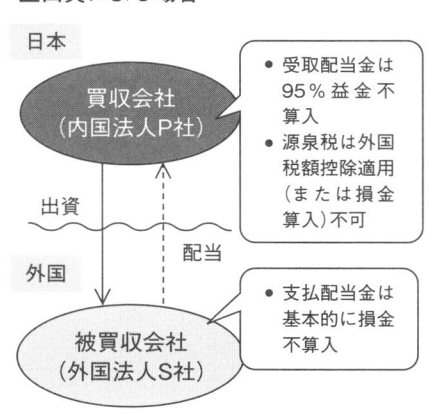

日本
買収会社（内国法人P社）
- 受取配当金は95％益金不算入
- 源泉税は外国税額控除適用（または損金算入）不可

出資　配当

外国
被買収会社（外国法人S社）
- 支払配当金は基本的に損金不算入

①　融資による場合

　融資と出資を比較した場合，全般的な傾向として，外国子会社が日本よりも高税率の国にある場合には，融資のほうが有利になる傾向にある。また，外国子会社が低税率の国にある場合でも，日本親会社に繰越欠損金が多額にある場合には，融資を検討する価値がある。

　一方，融資に伴う利息支払いには，通常源泉税が課される。当該源泉税は外国税額控除の対象とはなるが，外国税額控除の枠が十分にない場合には，源泉税部分が純粋な税務コストになる可能性が高い。

　さらに，融資の場合，外国子会社サイドでの利息の損金性にも注意する必要がある。利息が損金不算入とされるパターンには様々なものがあり，例えば，過少資本税制は多くの国に存在する制度といえる。この過少資本税制は，主として負債と自己資本の比率から利息の損金算入を制限することが多い。ただし，ドイツのように，基準となる利益額（EBITDA）の一定割合に利息の損金算入を制限し，それを超える部分は翌期以降に繰り越すような制度もある。また，シンガポールのように，利息の損金算入自体に要件（資金が課税所得を生み出すために使用されていること）が付されていることもあり，香港では特に厳格な要件が定められている。

　なお，利息のやりとりは移転価格税制の対象となるため，配当のように自由に水準を決定することができない点にも注意が必要である。

②　出資による場合

　これに対して，外国子会社が低税率の国にある場合には，タックス・ヘイブン対策税制が適用されない限りにおいて，出資のほうが有利になる傾向にある。これは，外国子会社が現地で優遇税制を適用して，免税あるいは軽減税率の適用を受けている場合も同様である。また，融資の場合とは逆に，外国子会社に欠損金がある場合には，子会社側で利息を損金算入するメリットはそれほどないといえる。

(2) 被買収会社が日本より高税率の国にある場合

① 基本ケース

前提条件

- 内国法人であるP社は，H国に所在するS社を買収した。
- S社の営業利益は1,000百万円であり，H国における実効税率は40％である。
- P社においては，S社からの配当または利息以外の損益は発生していない。

[出資の場合]
- 出資による場合，S社は税引後利益の全額を配当として支払う。
- H国では配当源泉税は課されない。

[融資の場合]
- 融資による場合，S社は営業利益の全額を利息として支払う。
- S社は支払利息の全額を損金の額に算入する。
- H国の利子源泉税率は10％である。
- 利子源泉税は，P社において，全額外国税額控除できる。

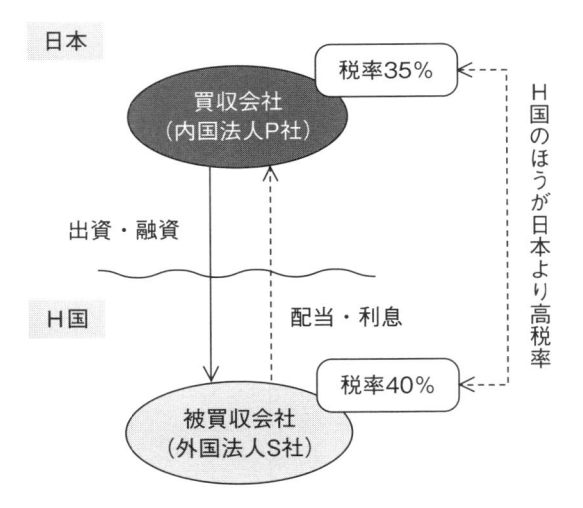

日本

買収会社
（内国法人P社）　税率35％

出資・融資

H国

配当・利息

被買収会社
（外国法人S社）　税率40％

H国のほうが日本より高税率

第4章　外国法人を対象としたM&Aにおける有利・不利判定（ケーススタディ）　◆153

■出資による場合

[子会社損益計算書]

	損益計算書	H国S社
①	営業利益	1,000
②	税引前利益	1,000
③	法人所得税（＝②×税率）	400
④	税引後利益（＝②－③）	600
⑤	支払配当（＝④）	600

[親会社損益計算書]

	損益計算書	日本親会社
⑥	営業利益	0
⑦	受取配当金（＝⑤）	600
⑧	税引前利益	600
⑨	現地配当源泉税（＝⑤×配当源泉税率）	0
⑩	日本配当課税（＝⑧×5％×税率）	11
⑪	税引後利益（＝⑧－(⑨＋⑩)）	589

[グループ損益計算書]

	損益計算書	グループ合計
⑫	グループ営業利益（＝①＋⑥）	1,000
⑬	現地法人所得税（③）	400
⑭	現地配当源泉税（⑨）	0
⑮	日本配当課税（⑩）	11
⑯	税負担合計（＝⑬＋⑭＋⑮）	411
⑰	グループ税引後利益（＝⑫－⑯）	589

■融資による場合―基本

[子会社損益計算書]

	損益計算書	H国S社
①	営業利益	1,000
②	支払利息	1,000

③	税引前利益	0
④	法人所得税（＝③×税率）	0
⑤	税引後利益（＝③－④）	0

[親会社損益計算書]

	損益計算書	日本親会社
⑥	営業利益	0
⑦	受取利息（＝②）	1,000
⑧	税引前利益	1,000
⑨	現地利子源泉税（＝⑦×利子源泉税率）	100
⑩	日本利子課税（＝⑧×税率）	350
⑪	外国税額控除（＝－⑨）	△100
⑫	税引後利益（＝⑧－（⑨＋⑩＋⑪））	650

[グループ損益計算書]

	損益計算書	グループ合計
⑬	グループ営業利益（＝①＋⑥）	1,000
⑭	現地法人所得税（④）	0
⑮	現地利子源泉税（⑨）	100
⑯	日本利子課税（⑩）	350
⑰	日本外国税額控除（⑪）	△100
⑱	税負担合計（＝⑭＋⑮＋⑯＋⑰）	350
⑲	グループ税引後利益（＝⑬－⑱）	650

総括

本ケースでは，出資によった場合の税負担合計は411百万円，融資によった場合の税負担合計は350百万円となり，融資の形で資金拠出し，利息で還流させるほうが有利という結論になる。これは，端的には，H国は税率が高いため，税引後利益から支払う配当よりは，損金に算入される利息のほうが効率的であるからである。

なお，H国からの配当には源泉税が課されないが，仮に課されるとした場合，

配当による還流の税務コストが上昇し(第6章参照),さらに融資のほうが有利になる。

② **外国税額控除の控除限度額が発生しないケース**
前述のとおり,外国税額控除の枠がない場合には,利息による還流のメリットが軽減される。これは,端的には,利息に係る源泉税が純粋な税務コストとなるためである。本ケースで,仮にP社において外国税額控除の枠がない場合,融資によるときの税負担は450百万円となり,出資に対する優位性は失われる。

前提条件の変更
- 利子源泉税は,P社において,外国税額控除できない。

融資による場合—P社において外国税額控除不可の場合
[子会社損益計算書]

	損益計算書	H国S社
①	営業利益	1,000
②	支払利息	1,000
③	税引前利益	0
④	法人所得税(=③×税率)	0
⑤	税引後利益(=③-④)	0

[親会社損益計算書]

	損益計算書	日本親会社
⑥	営業利益	0
⑦	受取利息(=②)	1,000
⑧	税引前利益	1,000
⑨	現地利子源泉税(=⑦×利子源泉税率)	100
⑩	日本利子課税(=⑧×税率)	350
⑪	外国税額控除(控除不可)	0
⑫	税引後利益(=⑧-(⑨+⑩+⑪))	550

[グループ損益計算書]

	損益計算書	グループ合計
⑬	グループ営業利益（＝①＋⑥）	1,000
⑭	現地法人所得税（④）	0
⑮	現地利子源泉税（⑨）	100
⑯	日本利子課税（⑩）	350
⑰	日本外国税額控除（⑪）	0
⑱	税負担合計（＝⑭＋⑮＋⑯＋⑰）	450
⑲	グループ税引後利益（＝⑬－⑱）	550

③ 外国子会社側で利息を損金算入できないケース

前述のとおり，外国子会社側での利息を損金算入できない場合には，利息による還流のメリットは消滅する。本ケースで，仮にS社において利息が損金不算入になる場合，融資による場合の税負担は750百万円となり，完全に融資の優位性が失われる。この例からもわかるとおり，利息による還流を考える場合には，外国子会社側での利息の損金性には十分注意を払う必要がある。

前提条件の変更

- S社は支払利息の全額を損金の額に算入できない。

融資による場合―S社において利息損金不算入の場合

[子会社損益計算書]

	損益計算書	H国S社
①	営業利益	1,000
②	支払利息	1,000
③	税引前利益	0
④	法人所得税（＝（③＋②）×税率）	400
⑤	税引後利益（＝③－④）	△400

[親会社損益計算書]

	損益計算書	日本親会社
⑥	営業利益	0
⑦	受取利息（＝②）	1,000
⑧	税引前利益	1,000
⑨	現地利子源泉税（＝⑦×利子源泉税率）	100
⑩	日本利子課税（＝⑧×税率）	350
⑪	外国税額控除（＝－⑨）	△100
⑫	税引後利益（＝⑧－(⑨＋⑩＋⑪)）	650

[グループ損益計算書]

	損益計算書	グループ合計
⑬	グループ営業利益（＝①＋⑥）	1,000
⑭	現地法人所得税（④）	400
⑮	現地利子源泉税（⑨）	100
⑯	日本利子課税（⑩）	350
⑰	日本外国税額控除（⑪）	△100
⑱	税負担合計（＝⑭＋⑮＋⑯＋⑰）	750
⑲	グループ税引後利益（＝⑬－⑱）	250

(3) 被買収会社が日本より低税率の国にある場合

前提条件

- 内国法人であるＰ社は，Ｉ国に所在するＳ社を買収した。
- Ｓ社の営業利益は1,000百万円であり，Ｉ国における実効税率は25％である。
- Ｐ社においては，Ｓ社からの配当または利息以外の損益は発生していない。

[出資の場合]

- 出資による場合，Ｓ社は税引後利益の全額を配当として支払う。
- Ｉ国では配当源泉税は課されない。

[融資の場合]

- 融資による場合，Ｓ社は営業利益の全額を利息として支払う。

- S社は支払利息の全額を損金の額に算入する。
- I国の利子源泉税率は10%である。
- 利子源泉税は，P社において，全額外国税額控除できる。

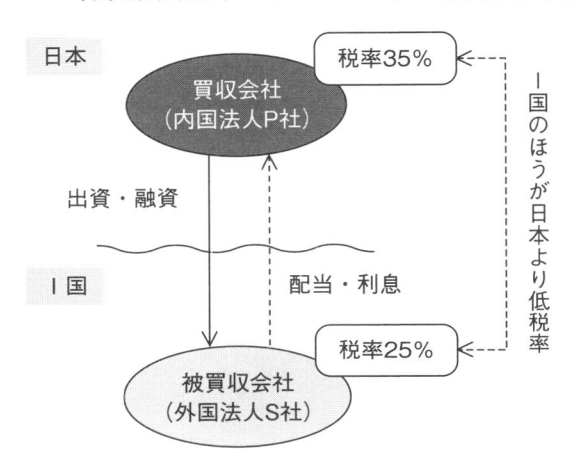

日本
買収会社
（内国法人P社）
税率35%

出資・融資

I国
配当・利息

被買収会社
（外国法人S社）
税率25%

I国のほうが日本より低税率

出資による場合

[子会社損益計算書]

	損益計算書	I国S社
①	営業利益	1,000
②	税引前利益	1,000
③	法人所得税（＝②×税率）	250
④	税引後利益（＝②－③）	750
⑤	支払配当（＝④）	750

[親会社損益計算書]

	損益計算書	日本親会社
⑥	営業利益	0
⑦	受取配当金（＝⑤）	750
⑧	税引前利益	750
⑨	現地配当源泉税（＝⑤×配当源泉税率）	0

	損益計算書	
⑩	日本配当課税（＝⑧×5％×税率）	13
⑪	税引後利益（＝⑧－(⑨＋⑩)）	737

[グループ損益計算書]

	損益計算書	グループ合計
⑫	グループ営業利益（＝①＋⑥）	1,000
⑬	現地法人所得税（③）	250
⑭	現地配当源泉税（⑨）	0
⑮	日本配当課税（⑩）	13
⑯	税負担合計（＝⑬＋⑭＋⑮）	263
⑰	グループ税引後利益（＝⑫－⑯）	737

■ 融資による場合

[子会社損益計算書]

	損益計算書	I国S社
①	営業利益	1,000
②	支払利息	1,000
③	税引前利益	0
④	法人所得税（＝③×税率）	0
⑤	税引後利益（＝③－④）	0

[親会社損益計算書]

	損益計算書	日本親会社
⑥	営業利益	0
⑦	受取利息（＝②）	1,000
⑧	税引前利益	1,000
⑨	現地利子源泉税（＝⑦×利子源泉税率）	100
⑩	日本利子課税（＝⑧×税率）	350
⑪	外国税額控除（＝－⑨）	△100
⑫	税引後利益（＝⑧－(⑨＋⑩＋⑪)）	650

[グループ損益計算書]

	損益計算書	グループ合計
⑬	グループ営業利益 (=①+⑥)	1,000
⑭	現地法人所得税 (④)	0
⑮	現地利子源泉税 (⑨)	100
⑯	日本利子課税 (⑩)	350
⑰	日本外国税額控除 (⑪)	△100
⑱	税負担合計 (=⑭+⑮+⑯+⑰)	350
⑲	グループ税引後利益 (=⑬-⑱)	650

総括

　本ケースでは，出資によった場合の税負担合計は263百万円，融資によった場合の税負担合計は350百万円となり，出資の形で資金拠出し，配当で還流させるほうが有利という結論になる。端的には，Ｉ国は税率が低いため，損金に算入されて税負担を軽減する利息よりも，税引後利益から支払う配当のほうが税務上効率的といえる。

　なお，Ｉ国からの配当には源泉税が課されないが，仮に課されるとした場合，配当による還流の税務コストが上昇し（第6章参照），配当による還流のメリットが軽減される。

　Ｐ社において外国税額控除がとれない場合，Ｓ社において利息が損金不算入になる場合の影響は，基本的に(2)のケースと同様である。

　なお，利息による回収の場合には，(2)のケースのＨ国と本ケースのＩ国で税率は異なるものの，最終結果としてのグループの税負担は等しくなっている。これは，利息支払いにより，海外子会社の課税所得がゼロになることを前提としているためである。すなわち，税率は異なっていても，課税所得がゼロであれば，税負担に影響はないということになる。

第5章

外資系の日本法人を対象としたM&Aにおける有利・不利判定（ケーススタディ）

本章のポイント

　本章では、「外国法人株主より、内国法人（日本子会社）を買収し、100％子会社にする」場合について、第3章・第4章と同様、基本的なケースである株式譲渡方式と事業譲渡方式を比較する形で解説を行う。
　ここでの比較検討については、前提条件の数値に応じて行っており、実務上は、個々のケースにより結論が異なることもあり得るため、留意が必要である。

■株式譲渡方式

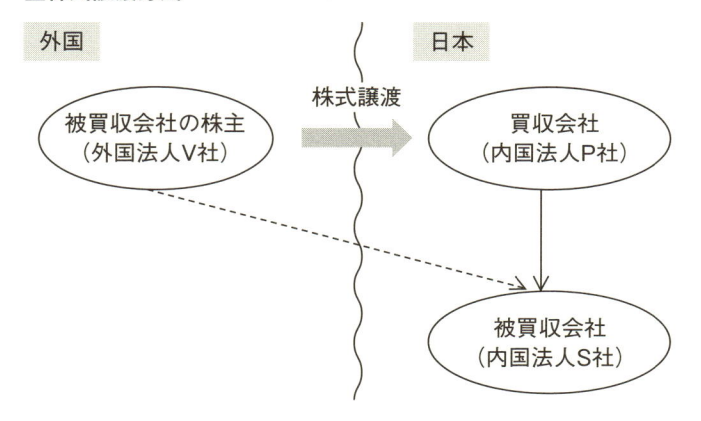

```
外国                          日本

              株式譲渡
┌──────────┐    ━━▶   ┌──────────┐
│被買収会社の株主│          │  買収会社  │
│(外国法人V社) │          │(内国法人P社)│
└──────────┘          └──────────┘
        ╲                      │
         ╲                     │
          ╲                    ▼
           ╲            ┌──────────┐
            ╲──────▶ │  被買収会社  │
                        │(内国法人S社)│
                        └──────────┘
```

■事業譲渡方式

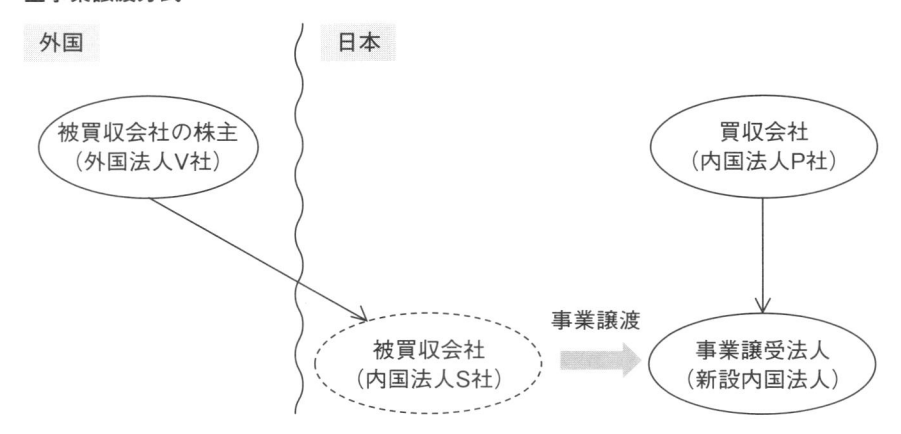

```
外国          |  日本

被買収会社の株主              買収会社
(外国法人V社)              (内国法人P社)
        ↓                        ↓
       被買収会社    事業譲渡   事業譲受法人
      (内国法人S社)  ――――→  (新設内国法人)
```

　第4章と比較すると，被買収会社の株主が外国法人である点，買収会社が内国法人（日本企業）である点は同様であるが，被買収会社が内国法人である点が異なる。

　この内国法人を対象とする買収における売り手サイド（被買収会社および被買収会社の株主）および買い手サイド（買収会社および事業譲受会社）の主な検討ポイントは以下のとおりである。

■売り手サイドの検討ポイント

買収形態	検討主体	検討ポイント
株式譲渡方式	被買収会社の株主	日本における譲渡益課税（源泉地国課税）の有無および自国における外国税額控除の適用可否
		自国における譲渡益課税
事業譲渡方式	被買収会社	事業譲渡の際の日本における課税関係（繰越欠損金の使用を含む）
事業譲渡方式	被買収会社の株主	事業譲渡後の日本子会社からの配当に対する源泉課税と自国における課税関係（直接および間接税額控除の適用可否を含む），および日本子会社の清算の課税関係

第5章 外資系の日本法人を対象としたM&Aにおける有利・不利判定（ケーススタディ） ◆163

■買い手サイドの検討ポイント

買収形態	検討主体	検討ポイント
株式譲渡方式	被買収会社	繰越欠損金を保有している場合における買収による株主変更が与える影響（ほとんどの場合，影響を与えない）
事業譲渡方式	事業譲受会社	のれん（およびその他の無形資産）の認識可否（ほとんどの場合，認識できる）

※　買い手サイドについては，買収会社，（事業譲渡方式の場合の）事業譲受会社ともに内国法人であるため，基本的には日本の税法の検討で足りる。したがって，第3章で見たように，繰越欠損金および資産調整勘定（のれん）による節税効果の検討が中心になる。

また，本章のケーススタディでは，議論を単純化させるために以下の前提を置いている。

【第5章のケーススタディの前提】
- 日本の法人税，住民税および事業税における実効税率は35％である（つまり，会社の規模，所在地，外形標準課税の適用の有無，同族会社の留保金課税の適用の有無による実効税率の違いは無視する）。
- 復興特別法人税の適用に伴う事業年度ごとの実効税率の違い（具体的には，平成27年3月31日までの法人税率の引上げ）については無視する。
- ただし，復興特別所得税については，その適用が長期にわたることから，それを考慮した税率で計算を行う。
- 間接税については無視する。
- 買収に伴う付随費用は発生していない。
- 節税効果の計算においては，時間的価値は考慮しない。
- 被買収会社の資本金等の額と被買収会社の株主における被買収会社株式の帳簿価額は一致している。
- 事業譲渡方式による場合，買収会社は全額出資により受け皿会社を新設する（融資は行わない）。

- 事業譲渡方式による場合，被買収会社は事業譲渡後，残存する利益剰余金を（通常の配当として）全額配当のうえ解散し，被買収会社の株主には子会社の清算損益は発生しない（被買収会社の資本金等の額と被買収会社の株主における被買収会社株式の帳簿価額は一致しているため）。
- 被買収会社の株主による被買収会社株式の譲渡は，いわゆる「事業譲渡類似株式の譲渡」（詳細については，第2章参照）に該当し，租税条約による免除がなければ，法人税（税率25.5％）が課される。
- 被買収会社の株式の価値はその時価純資産（のれんを含む）に等しい。
- いずれの法人も，自国の外に恒久的施設（PE）を有しない。
- 外国法人に係る数値についても，（換算後の）円貨で表示する。

なお，本章においては，日本における「法人税，住民税および事業税」と海外における「法人所得税等の課税所得に連動する税金」を総称して「法人所得税」と呼ぶこととする。

第5章　外資系の日本法人を対象としたM&Aにおける有利・不利判定（ケーススタディ）　◆165

ケース1　含み益の原因が「のれん」であるケース

(1) 被買収会社の株主において，配当も株式譲渡益も課税のケース

前提条件
- 内国法人であるP社は，同じく日本に所在する外資系企業のS社を買収する。
- 被買収会社S社の株主は，A国に所在するV社であり，S社の発行済株式のすべてを保有している。
- 被買収会社の株主V社における被買収会社S社株式の取得価額は1,000百万円である。
- 株式譲渡の場合，被買収会社S社株式の譲渡価額は9,000百万円である。
- 事業譲渡の場合も，S社事業の譲渡価額は9,000百万円である。
- A国における実効税率は40％である。
- 日本とA国との間の租税条約により，通常の株式の譲渡益に係る源泉地国課税は免除される（すなわち，日本における課税はない）。
- A国においては，外国子会社からの配当も課税の対象となるが，当該配当源泉税に（直接）外国税額控除を適用することができる。
- ただし，日本とA国との間の租税条約により，S社からの配当に係る源泉税は免除される。
- また，A国においては，間接税額控除の適用も認められており，ここではS社の当期における納税額が全額控除の対象になると仮定する（ただし，S社の過年度における納税額は無視する）。
- S社においては，毎期，資産調整勘定の償却費以上の課税所得の発生が見込まれている。

[被買収会社の貸借対照表]　　　　　　　（単位：百万円）

	税務簿価	時価		税務簿価	時価
資産	10,000	10,000	負債	6,000	6,000
のれん		5,000	資本金等	1,000	1,000
			利益積立金	3,000	8,000
	10,000	15,000		10,000	15,000

（簿価純資産4,000百万円，時価純資産9,000百万円）

法人所得税の課税関係

まず，（イ）被買収会社側（被買収会社およびその株主），（ロ）買収会社側（買収会社および事業譲受会社）における法人所得税の課税関係を検討する。

（イ）被買収会社側の税負担

	株式譲渡方式	事業譲渡方式
被買収会社 （日本S社）	株主が変わるだけなので，課税関係は発生しない。	事業譲渡益が5,000百万円発生する。 ➡実効税率が35％なので，税負担は以下のとおり。 （譲渡価額－譲渡原価）×35％ ＝（9,000百万円－4,000百万円）×35％ ＝1,750百万円
被買収会社の株主 （A国V社）	株式譲渡益8,000百万円について，日本では課税されないが，A国で課税される。 ➡実効税率が40％なので，税負担は以下のとおり。 （譲渡価額－譲渡原価）×40％ ＝（9,000百万円－1,000百万円）×40％ ＝3,200百万円	受取配当金6,250百万円(注1)については，課税の対象となるが，間接税額控除が適用できるため，最終的な税額は1,450百万円となる。計算の詳細については，（注2）を参照。
合計	税負担　3,200百万円	税負担　3,200百万円

(注1)【事業譲渡方式】 被買収会社S社における事業譲渡後の配当可能額

①	②=①×税率	③=①-②	④	⑤=③+④
事業譲渡益	課税	税引後利益	事業譲渡前利益積立金	配当可能額
5,000	1,750	3,250	3,000	6,250

(注2)【事業譲渡方式】 被買収会社S社からの配当に係る課税関係

①	②=①+S社税額	③=②×税率	④=-S社税額	⑤=③+④
受取配当金	課税所得	税額（税額控除前）	間接外国税額控除	最終税額
6,250	8,000	3,200	△1,750	1,450

> **実務上のポイント**
>
> 　国によって制度の詳細は異なるが，一般に「間接税額控除」とは，海外子会社の納税額のうち，親会社への配当の額に対応する部分の金額を，あたかも親会社が自ら納税したかのように（親会社の税額から）控除する仕組みをいう。
> 　間接外国税額控除は，法人が海外進出を行う場合に，支店形態あるいは子会社形態で行うときの中立性を保つためのものといわれており，この間接税額控除がうまく機能する場合，海外子会社の利益に係る親会社のトータルの税負担率は親会社所在地国の実効税率に一致する。
> 　なお，日本では平成21年度税制改正による外国子会社配当益金不算入制度の導入により，間接税額控除制度は廃止されたが，例えば，米国や中国など，まだ同制度が残っている国もある。

> **実務上の ポイント**
>
> 　外国法人株主が日本子会社を売却する場合に，株式の譲渡益に係る日本での課税を考えるにあたっては，日本の国内法およびＡ国との間の租税条約を検討する必要がある。
> 　一般的には，租税条約で日本での課税を制限している場合には，租税条約が日本の国内法に優先して適用されるので，国内法の規定の如何にかかわらず，Ａ国に所在する被買収会社の株主が日本で譲渡益課税されることはない。
> 　例えば，日米租税条約では，第13条において，株式の譲渡益への課税は原則として居住地国課税（譲渡者の居住地国による課税）のみとしている。したがって，租税条約の規定に従えば，米国親会社が日本子会社の株式を売却する場合，基本的には（米国親会社の居住地国である）米国でのみ課税され，日本では課税されないこととなる。Ａ国もこのケースに該当する。

(ロ) 買収会社側の税負担

	株式譲渡方式	事業譲渡方式
買収会社 （日本Ｐ社）	単なる株式の取得なので，課税関係は発生しない。	同左。
事業譲受会社 （日本新設会社）		資産調整勘定5,000百万円を認識したことにより，将来の課税負担が圧縮される。 ➡実効税率が35％なので，税負担の軽減は以下のとおり。 5,000百万円×35％ ＝1,750百万円の税負担の軽減
合計	税負担　0百万円	税負担　△1,750百万円

(ハ) 合　計

	株式譲渡方式	事業譲渡方式	有利・不利判定
被買収会社側	3,200百万円	3,200百万円	有利・不利なし
買収会社側	0百万円	△1,750百万円	事業譲渡方式が有利
合計	3,200百万円	1,450百万円	事業譲渡方式が有利

第5章 外資系の日本法人を対象としたM&Aにおける有利・不利判定（ケーススタディ） ◆169

総括

ここでは，主として買収会社側の観点から，全体として事業譲渡方式のほうが有利であるという結論になる。以下，被買収会社側および買収会社側の課税関係について解説する。

▶被買収会社側

被買収会社側（被買収会社およびその株主）を見ると，株式譲渡方式と事業譲渡方式の間で有利・不利はないという結論になっている。これは，端的には，A国における外国税額控除（特に間接外国税額控除）の適用の結果と考えられる。

まず，株式譲渡方式の場合，株式譲渡益8,000百万円が課税の対象となり，3,200百万円（税率40％）の税負担が発生する。

一方，事業譲渡方式の場合，被買収会社において事業譲渡益5,000百万円が課税の対象となり，1,750百万円（税率35％）の税負担が発生する。また，その後の配当については，A国においては，国外配当は益金算入されるものの，間接外国税額控除を適用できるため，被買収会社の株主のA国における納税額は1,450百万円となる。

つまり，被買収会社側にとっては，株式譲渡の場合とトータルの税負担は変わらない。ただし，株式譲渡益に係る税額をすべてA国で納税する株式譲渡方式と異なり，事業譲渡方式の場合は，1,750百万円を日本で納税し，残額の1,450百万円はA国で納税することとなるという差異はある（ただし，このケースでは無視しているが，S社の過年度における納税額にも間接税額控除が適用できる場合には，事業譲渡方式のほうが有利になる可能性もある）。

なお，このケースでは，日本で配当源泉税は課されないが，仮に課された場合でも，A国の場合は直接外国税額控除が適用できるはずである。しかしながら，間接外国税額控除も含めて，外国税額控除の枠（控除限度額）が発生しな

い場合には，二重課税が残る可能性があるため，注意を要する。

▶買収会社側

次に，買収会社側（買収会社および事業譲受会社）を見ると，事業譲渡方式のほうが株式譲渡方式より有利になっている。これは，事業譲渡方式の場合，資産調整勘定の償却による節税効果が見込めるためである。ただし，資産調整勘定の節税効果があるのは，被買収会社の事業を引き継ぐ新設会社において十分な（資産調整勘定の償却費を上回る）課税所得の発生が見込まれる場合に限られる。

▶その他の留意事項

全体で見れば，事業譲渡方式のほうが有利であり，被買収会社側と買収会社側の利害も相反しないため，法人所得税の観点だけでいうと，事業譲渡方式がとられる可能性は高い。ただし，実務上は，上記に加え，事業譲渡を行ったことによる不動産取得税，登録免許税，消費税などの流通税も含めた総合的な判定が必要になるため，ご留意されたい。

(2) 被買収会社の株主において，配当も株式譲渡益も非課税のケース

前提条件

- 内国法人であるP社は，同じく日本に所在する外資系企業のS社を買収する。
- 被買収会社S社の株主は，B国に所在するV社であり，S社の発行済株式のすべてを保有している。
- 被買収会社の株主V社における被買収会社S社株式の取得価額は1,000百万円である。
- 株式譲渡の場合，被買収会社S社株式の譲渡価額は9,000百万円である。
- 事業譲渡の場合も，S社事業の譲渡価額は9,000百万円である。
- B国における実効税率は17%であるが，株式の譲渡益については，一定の

要件を満たせば、キャピタル・ゲインとして非課税となり、ここではその要件を満たしていると仮定する。
- 日本とB国との間の租税条約では、株式の譲渡益に係る源泉地国課税は免除されず（すなわち、日本において法人税が25.5％の税率で課税され）、当該課税はB国において外国税額控除の対象とならない。
- B国においては、外国子会社からの受取配当金については課税されない。
- 日本とB国との間の租税条約により、配当源泉税は5％に軽減される。
- B国においては、当該配当源泉税に外国税額控除を適用することはできない。
- S社においては、毎期、資産調整勘定の償却費以上の課税所得の発生が見込まれている。

［被買収会社の貸借対照表］　　　　　（単位：百万円）

	税務簿価	時価		税務簿価	時価
資産	10,000	10,000	負債	6,000	6,000
のれん		5,000	資本金等	1,000	1,000
			利益積立金	3,000	8,000
	10,000	15,000		10,000	15,000

（簿価純資産4,000百万円、時価純資産9,000百万円）

法人所得税の課税関係

まず、（イ）被買収会社側（被買収会社およびその株主）、（ロ）買収会社側（買収会社および事業譲受社）における法人所得税の課税関係を検討する。

(イ) 被買収会社側の税負担

	株式譲渡方式	事業譲渡方式
被買収会社 （日本S社）	株主が変わるだけなので，課税関係は発生しない。	事業譲渡益が5,000百万円発生する。 ➡実効税率が35%なので，税負担は以下のとおり。 （譲渡価額－譲渡原価）×35% ＝（9,000百万円－4,000百万円）×35% ＝1,750百万円
被買収会社の株主 （B国V社）	株式譲渡益8,000百万円について，B国においては課税されないが，日本において課税され，これはB国における外国税額控除の対象とならない。 ➡税率が25.5%なので，税負担は以下のとおり。 （譲渡価額－譲渡原価）×25.5% ＝（9,000百万円－1,000百万円）×25.5% ＝2,040百万円	受取配当金6,250百万円(注1)については，非課税となるが，配当源泉税313百万円（＝6,250百万円×5%）は税務コストとなる。計算の詳細については，（注2）を参照。
合計	税負担　2,040百万円	税負担　2,063百万円

（注1）【事業譲渡方式】　被買収会社S社における事業譲渡後の配当可能額

①	②＝①×税率	③＝①－②	④	⑤＝③＋④
事業譲渡益	課税	税引後利益	事業譲渡前 利益積立金	配当可能額
5,000	1,750	3,250	3,000	6,250

（注2）【事業譲渡方式】　被買収会社S社からの配当に係る課税関係

①	②＝①×源泉税率	③（課税なし）	④＝②＋③
受取配当金	日本 配当源泉税	B国 配当課税	税負担合計
6,250	313	0	313

> **実務上のポイント**
>
> 　前述のとおり，外国法人株主が日本子会社を売却する場合に，株式の譲渡益に係る日本での課税を考えるにあたっては，日本の国内法およびＢ国との間の租税条約を検討する必要がある。
> 　租税条約で株式の譲渡益に係る源泉地国課税を免除していない場合，日本の国内法の規定により，Ｂ国に所在する被買収会社の株主が日本で譲渡益課税される可能性がある。これはアジア諸国との租税条約に比較的多いケースであり，Ｂ国との租税条約もこのケースに該当する。

(ロ) 買収会社側の税負担

	株式譲渡方式	事業譲渡方式
買収会社 （日本Ｐ社）	単なる株式の取得なので，課税関係は発生しない。	同左。
事業譲受会社 （日本新設会社）		資産調整勘定5,000百万円を認識したことにより，将来の課税負担が圧縮される。 ➡実効税率が35％なので，税負担の軽減は以下のとおり。 5,000百万円×35％ ＝1,750百万円の税負担の軽減
合計	税負担　0百万円	税負担　△1,750百万円

(ハ) 合計

	株式譲渡方式	事業譲渡方式	有利・不利判定
被買収会社側	2,040百万円	2,063百万円	株式譲渡方式が有利
買収会社側	0百万円	△1,750百万円	事業譲渡方式が有利
合計	2,040百万円	313百万円	事業譲渡方式が有利

総括

　ここでは，被買収会社側の観点からは株式譲渡方式のほうが若干有利であるが，買収会社側の観点からは事業譲渡方式のほうが有利であり，全体としても事業譲渡方式のほうが有利という結論になっている。以下，被買収会社側およ

び買収会社側の課税関係について解説する。

▶被買収会社側

まず，被買収会社側（被買収会社およびその株主）を見ると，株式譲渡方式のほうが事業譲渡方式よりも若干有利になっている。

詳細に見ていくと，まず株式譲渡方式の場合，B国ではキャピタル・ゲインが非課税となるため，何らの税負担も発生しない。しかしながら，日本において株式譲渡益8,000百万円が課税の対象となり，法人税のみの税率25.5%が適用され，2,040百万円の税負担が発生する。当該課税はB国において外国税額控除の対象とならない前提になっているので，この税負担はそのまま残ることになる。

一方，事業譲渡方式の場合，被買収会社において事業譲渡益5,000百万円が課税の対象となり，1,750百万円（税率35%）の税負担が発生する。また，その後の配当6,250百万円については，B国においては益金不算入とされるものの，日本の配当源泉税313百万円は税務コストとなり，合計で2,063百万円の税負担となる。

結果として，被買収会社側（被買収会社およびその株主）を見ると，株式譲渡方式のほうが事業譲渡方式よりも若干有利になっている。

なお，B国と同様に一定の要件を満たす配当や譲渡益が非課税となる国であっても，オランダのように，日蘭租税条約で株式の譲渡益に係る源泉地国課税も免除される（すなわち，日本における課税がない）場合には，株式譲渡に伴う税負担（本ケースでは2,040百万円）は発生せず，株式譲渡方式のほうがさらに有利になる。

▶買収会社側

次に，買収会社側（買収会社および事業譲受会社）を見ると，事業譲渡方式

のほうが株式譲渡方式より有利になっている。これは，(1)のケースと同様，事業譲渡方式の場合，資産調整勘定の償却による節税効果が見込めるためである。ただし，資産調整勘定の節税効果があるのは，被買収会社の事業を引き継ぐ新設会社において十分な（資産調整勘定の償却費を上回る）課税所得の発生が見込まれる場合に限られる。この点は，第4章の外国法人を買収する場合と同様である。

▶被買収会社側と買収会社側の調整

全体で見れば，事業譲渡方式のほうが有利だが，被買収会社側（被買収会社の株主）にとっては，株式譲渡方式のほうが有利である。このように，株式譲渡方式と事業譲渡方式の間で，被買収会社側と買収会社側の利害が相反する場合，通常は譲渡対価で調整することになると思われる。また，ケース3のような，株式譲渡前の配当も検討の余地がある。

なお，第4章で見たとおり，事業譲渡方式による場合，被買収会社の事業譲渡による税負担1,750百万円と事業譲受会社の節税効果△1,750百万円はいずれもS社事業の含み益の金額5,000百万円がベースになっており，（正負逆で）一致している。しかしながら，第4章の場合と異なり，被買収会社からの配当はその株主にとって国外配当となるため，日本の配当源泉税313百万円がトータルの税負担として残っている。

▶その他の留意事項

法人所得税の観点だけでいうと，以上のような結論になっているが，実際には，不動産取得税，登録免許税，消費税などの流通税も含めた総合的な判定が必要になるため，ご留意されたい。

ケース2　含み益の原因が土地であるケース

(1) 被買収会社の株主において，配当も株式譲渡益も課税のケース

前提条件
- 内国法人であるP社は，同じく日本に所在する外資系企業のS社を買収する。
- 被買収会社S社の株主は，A国に所在するV社であり，S社の発行済株式のすべてを保有している。
- 被買収会社の株主V社における被買収会社S社株式の取得価額は1,000百万円である。
- 株式譲渡の場合，被買収会社S社株式の譲渡価額は9,000百万円である。
- 事業譲渡の場合も，S社事業の譲渡価額は9,000百万円である。
- A国における実効税率は40％である。
- S社は不動産の保有割合が高いため，日本とA国との間の租税条約により，株式の譲渡益に係る源泉地国課税は免除されない（すなわち，日本において課税される）が，当該課税はA国において外国税額控除の対象となる。
- A国においては，外国子会社からの配当も課税の対象となるが，当該配当に係る源泉税に外国税額控除を適用することができ，ここでは全額控除の対象になると仮定する。
- ただし，日本とA国との間の租税条約により，S社からの配当に係る源泉税は免除される。
- また，A国においては，間接外国税額控除の適用も認められており，ここではS社の当期における納税額が全額控除の対象になると仮定する（ただし，S社の過年度における納税額は無視する）。
- 被買収会社が保有している土地を売却する予定はない。

第5章 外資系の日本法人を対象としたM&Aにおける有利・不利判定（ケーススタディ）

[被買収会社の貸借対照表] （単位：百万円）

	税務簿価	時価		税務簿価	時価
その他の資産	5,000	5,000	負債	6,000	6,000
土地	5,000	10,000	資本金等	1,000	1,000
			利益積立金	3,000	8,000
	10,000	15,000		10,000	15,000

（簿価純資産4,000百万円，時価純資産9,000百万円）

法人所得税の課税関係

まず，（イ）被買収会社側（被買収会社およびその株主），（ロ）買収会社側（買収会社および事業譲受会社）における法人所得税の課税関係を検討する。

（イ）被買収会社側の税負担

	株式譲渡方式	事業譲渡方式
被買収会社 （日本S社）	株主が変わるだけなので，課税関係は発生しない。	事業譲渡益が5,000百万円発生する。 ➡実効税率が35％なので，税負担は以下のとおり。 （譲渡価額－譲渡原価）×35％ ＝(9,000百万円－4,000百万円)×35％ ＝1,750百万円
被買収会社の株主 （A国V社）	株式譲渡益8,000百万円について，まず日本で課税される。 ➡税率が25.5％なので，税負担は以下のとおり。 （譲渡価額－譲渡原価）×25.5％ ＝(9,000百万円－1,000百万円)×25.5％ ＝2,040百万円 株式譲渡益については，A国でも課税される。 ➡実効税率が40％なので，税負担は以下のとおり。	受取配当金6,250百万円(注2)については，課税の対象となるが，間接外国税額控除が適用できるため，最終的な税額は1,450百万円となる。計算の詳細については，（注3）を参照。

	（譲渡価額－譲渡原価）× 35％ ＝（9,000百万円－1,000百万円）×40％ ＝3,200百万円 ただし，日本において負担した外国法人税2,040百万円は，A国において外国税額控除の対象となる（△2,040百万円）。サマリーは(注1)を参照。	
合計	税負担　3,200百万円	税負担　3,200百万円

(注1)【株式譲渡方式】　被買収会社の株主V社に対する譲渡益課税

①	②＝①×税率	③＝①×税率	④＝－②	⑤＝②＋③＋④
株式譲渡益	日本課税 （源泉地国課税）	A国課税 （居住地国課税）	外国税額控除	税負担合計
8,000	2,040	3,200	△2,040	3,200

(注2)【事業譲渡方式】　被買収会社S社における事業譲渡後の配当可能額

①	②＝①×税率	③＝①－②	④	⑤＝③＋④
事業譲渡益	課税	税引後利益	事業譲渡前 利益積立金	配当可能額
5,000	1,750	3,250	3,000	6,250

(注3)【事業譲渡方式】　被買収会社S社からの配当に係る課税関係

①	②＝①＋S社税額	③＝②×税率	④＝－S社税額	⑤＝③＋④
受取配当金	課税所得	税額 （税額控除前）	間接 外国税額控除	税負担合計
6,250	8,000	3,200	△1,750	1,450

> **実務上のポイント**
>
> 　前述のとおり，外国法人株主が日本子会社を売却する場合に，株式の譲渡益に係る日本での課税を考えるにあたっては，日本の国内法およびＡ国との間の租税条約を検討する必要がある。
> 　一般的には，租税条約で日本での課税を制限している場合には，租税条約が日本の国内法に優先して適用されるので，国内法の規定の如何にかかわらず，Ａ国に所在する被買収会社の株主が日本で譲渡益課税されることはない。
> 　例えば，日米租税条約では，第13条において，株式の譲渡益への課税は原則として居住地国課税のみとしている。
> 　しかしながら，日米租税条約においても，不動産化体株式（法人資産価値の50％以上が不動産により構成されている株式等）はその例外とされており，日本にも課税権が認められている。これは，不動産の譲渡収益が不動産所在地国（源泉地国）で課税できるとされているところ，不動産を所有する法人等の株式等の譲渡を通じて，実質的に不動産の所有権を移転するという租税回避を防止するための規定と考えられる。
> 　日米租税条約で日本における課税権が排除されない場合，日本の国内法の規定に従えば，このケースのような株式の譲渡は事業譲渡類似株式の譲渡に該当し，日本で課税の対象となる（第２章参照）。

(ロ) 買収会社側の税負担

	株式譲渡方式	事業譲渡方式
買収会社 （日本Ｐ社）	単なる株式の取得なので，課税関係は発生しない。	同左。
事業譲受会社 （日本新設会社）		土地の簿価は5,000百万円ステップ・アップしたが，売却の予定がないため，節税効果は見込めない。
合計	税負担　0百万円	税負担　0百万円

(ハ) 合　計

	株式譲渡方式	事業譲渡方式	有利・不利判定
被買収会社側	3,200百万円	3,200百万円	有利・不利なし
買収会社側	0百万円	0百万円	有利・不利なし
合計	3,200百万円	3,200百万円	有利・不利なし

総　括

　ここでは，被買収会社側，買収会社側，いずれの観点からも，事業譲渡方式と株式譲渡方式の間に有利・不利はないという結論になっている。以下，被買収会社側と買収会社側に分けて解説する。

▶被買収会社側

　まず，被買収会社側（被買収会社およびその株主）の課税関係は，ケース1(1)と同様，株式譲渡方式と事業譲渡方式の間で有利・不利はないという結論になっている。これは，端的には，A国における外国税額控除（特に間接外国税額控除）の適用の結果と考えられる。詳細については，ケース1(1)を参照されたい。なお，繰り返しになるが，外国税額控除の枠（控除限度額）が発生しない場合には，二重課税（日本：2,040百万円＋A国：3,200百万円）が残る可能性があるため，注意を要する。

▶買収会社側

　次に，買収会社側（買収会社および事業譲受会社）の課税関係は，ケース1(1)とは異なり，株式譲渡方式と事業譲渡方式の間で有利・不利はないという結論になっている。これは，節税効果のある資産調整勘定とは異なり，売却予定のない土地には節税効果がないためである（第4章ケース2参照）。

▶その他の留意事項

　以上のように，法人所得税の観点だけでいうと，被買収会社側，買収会社側，

いずれから見ても，事業譲渡方式と株式譲渡方式の間に有利・不利はないという結論になっているが，実際には，不動産取得税，登録免許税，消費税などの流通税も含めた総合的な判定が必要になるため，ご留意されたい。本ケースのように，総資産に占める土地の残高が大きい場合，流通税の観点は特に重要である。

(2) 被買収会社の株主において，配当も株式譲渡益も非課税のケース

前提条件

- 内国法人であるP社は，同じく日本に所在する外資系企業のS社を買収する。
- 被買収会社S社の株主は，B国に所在するV社であり，S社の発行済株式のすべてを保有している。
- 被買収会社の株主V社における被買収会社S社株式の取得価額は1,000百万円である。
- 株式譲渡の場合，被買収会社S社株式の譲渡価額は9,000百万円である。
- 事業譲渡の場合も，S社事業の譲渡価額は9,000百万円である。
- B国における実効税率は17％であるが，株式の譲渡益については，一定の要件を満たせば，キャピタル・ゲインとして非課税となり，ここではその要件を満たしていると仮定する。
- 日本とB国との間の租税条約では，株式の譲渡益に係る源泉地国課税は免除されず（すなわち，日本において法人税が25.5％の税率で課税され），当該課税はB国において外国税額控除の対象とならない。
- B国においては，外国子会社からの受取配当金については課税されない。
- 日本とB国との間の租税条約により，配当源泉税は5％に軽減される。
- B国においては，当該配当源泉税に外国税額控除を適用することはできない。
- 被買収会社が保有している土地を売却する予定はない。

[被買収会社の貸借対照表]　　　　　（単位：百万円）

	税務簿価	時価		税務簿価	時価
その他の資産	5,000	5,000	負債	6,000	6,000
土地	5,000	10,000	資本金等	1,000	1,000
			利益積立金	3,000	8,000
	10,000	15,000		10,000	15,000

（簿価純資産4,000百万円，時価純資産9,000百万円）

法人所得税の課税関係

まず，（イ）被買収会社側（被買収会社およびその株主），（ロ）買収会社側（買収会社および事業譲受会社）における法人所得税の課税関係を検討する。

（イ）被買収会社側の税負担

	株式譲渡方式	事業譲渡方式
被買収会社 （日本S社）	株主が変わるだけなので，課税関係は発生しない。	事業譲渡益が5,000百万円発生する。 ➡実効税率が35％なので，税負担は以下のとおり。 （譲渡価額－譲渡原価）×35％ ＝（9,000百万円－4,000百万円）×35％ ＝1,750百万円
被買収会社の株主 （B国V社）	株式譲渡益8,000百万円について，B国においては課税されないが，日本において課税され，これはB国における外国税額控除の対象とならない。 ➡税率が25.5％なので，税負担は以下のとおり。 （譲渡価額－譲渡原価）×25.5％ ＝（9,000百万円－1,000百万円）×25.5％ ＝2,040百万円	受取配当金6,250百万円(注1)については，非課税となるが，配当源泉税313百万円（＝6,250百万円×5％）は税務コストとなる。計算の詳細については，（注2）を参照。
合計	税負担　2,040百万円	税負担　2,063百万円

(注1)【事業譲渡方式】 被買収会社S社における事業譲渡後の配当可能額

①	②＝①×税率	③＝①－②	④	⑤＝③＋④
事業譲渡益	課税	税引後利益	事業譲渡前利益積立金	配当可能額
5,000	1,750	3,250	3,000	6,250

(注2)【事業譲渡方式】 被買収会社S社からの配当に係る課税関係

①	②＝①×源泉税率	③（課税なし）	④＝②＋③
受取配当金	日本配当源泉税	B国配当課税	税負担合計
6,250	313	0	313

(ロ) 買収会社側の税負担

	株式譲渡方式	事業譲渡方式
買収会社（日本P社）	単なる株式の取得なので，課税関係は発生しない。	同左。
事業譲受会社（日本新設会社）		土地の簿価は5,000百万円ステップ・アップしたが，売却の予定がないため，節税効果は見込めない。
合計	税負担　0百万円	税負担　0百万円

(ハ) 合計

	株式譲渡方式	事業譲渡方式	有利・不利判定
被買収会社側	2,040百万円	2,063百万円	株式譲渡方式が有利
買収会社側	0百万円	0百万円	有利・不利なし
合計	2,040百万円	2,063百万円	株式譲渡方式が有利

総括

　ここでは，ケース1(2)とは異なり，主として被買収会社側の観点から，株式譲渡方式のほうが有利という結論になっている。以下，被買収会社側と買収会社側に分けて解説する。

▶被買収会社側

　まず，被買収会社側（被買収会社およびその株主）の課税関係は，ケース１⑵と同様，株式譲渡方式のほうが事業譲渡方式よりも若干有利になっている。

　株式譲渡方式の場合は，Ｂ国ではキャピタル・ゲインが非課税となるため，何らの税負担も発生しないが，日本において株式譲渡益8,000百万円が課税の対象となり（源泉地国課税），2,040百万円（税率25.5％）の税負担が発生する。

　一方，事業譲渡方式の場合，被買収会社において事業譲渡益5,000百万円が課税の対象となり，1,750百万円（税率35％）の税負担が発生し，その後の配当6,250百万円についても，日本の配当源泉税313百万円は税務コストとなるため，合計で2,063百万円の税負担となる。

▶買収会社側

　次に，買収会社側（買収会社および事業譲受会社）の課税関係は，ケース１⑵とは異なり，株式譲渡方式と事業譲渡方式の間で有利・不利はないという結論になっている。これは，節税効果のある資産調整勘定とは異なり，売却予定のない土地には節税効果がないためである。

▶その他の留意事項

　以上のように，法人所得税の観点だけでいうと，主として買収会社側の観点から株式譲渡方式が有利という結論になっているが，実際には，不動産取得税，登録免許税，消費税などの流通税も含めた総合的な判定が必要になるためご留意されたい。本ケースのように，総資産に占める土地の残高が大きい場合，流通税の観点は特に重要である。

ケース3　株式購入前に多額の配当を行う手法

　株式譲渡前の配当は，株式の売り手（被買収会社の株主）の視点を中心に考える必要があるが，被買収会社の株主から見ると，第4章は国内子会社の売却であり，本章は国外子会社（日本子会社）の売却ということになる。

　第4章では，インカム・ゲイン（配当）とキャピタル・ゲイン（株式譲渡益）の課税関係に差異がある国（つまり，配当が非課税になる一方，株式譲渡益は課税される国）においては，一般に株式譲渡前の配当は節税効果をもつが，インカム・ゲイン（配当）とキャピタル・ゲイン（株式譲渡益）の課税関係に差異がない国においては，特に被買収会社の株主の視点から，株式譲渡方式と事業譲渡方式の間に有利・不利はないという点を確認した。したがって，基本的には，被買収会社の株主の所在地国の税制を確認すればよいことになる。

　しかしながら，（被買収会社の株主にとって国外子会社である）日本子会社の売却にあたっては，被買収会社の株主の所在地国のみならず，日本で譲渡益課税される場合もあるので（源泉地国課税），この点を考慮する必要が出てくる。すなわち，被買収会社の株主の所在地国との租税条約において，株式の譲渡益に係る源泉地国課税が免除されていない場合（これはアジア諸国との租税条約に比較的多い），日本の国内法の規定により，被買収会社の株主が日本で譲渡益課税されるケースがある。

　具体的には，インカム・ゲイン（配当）とキャピタル・ゲイン（株式譲渡益）の課税関係に差異がない国においても，株式譲渡前の配当が日本における譲渡益課税を減額し，被買収会社の株主にとってメリットとなり得る場合がある。

　以下のケースでは，この点を数値例で見ていく。

前提条件

- 内国法人であるP社は，同じく日本に所在する外資系企業のS社を買収する。
- 被買収会社S社の株主は，B国に所在するV社であり，S社の発行済株式のすべてを保有している。
- 被買収会社の株主V社における被買収会社S社株式の取得価額は3,000百万円である。
- 株式譲渡前に配当を行わない場合，被買収会社S社株式の譲渡価額は4,000百万円である。
- B国における実効税率は17％であるが，株式の譲渡益については，一定の要件を満たせば，キャピタル・ゲインとして非課税となり，ここではその要件を満たしていると仮定する。
- 日本とB国との間の租税条約では，株式の譲渡益に係る源泉地国課税は免除されず（すなわち，日本において法人税が25.5％の税率で課税され），当該課税はB国において外国税額控除の対象とならない。
- B国においては，外国子会社からの受取配当金については課税されない。
- 日本とB国との間の租税条約により，配当源泉税は5％に軽減される。
- B国においては，当該配当源泉税に外国税額控除を適用することはできない。

前提条件―譲渡前に配当を行った場合

- 上記の前提条件に加えて，V社による株式譲渡の前に，被買収会社S社が配当可能利益の全額（1,000百万円）について配当を行ったとする。
- この場合の被買収会社S社株式の譲渡価額は3,000百万円（＝4,000百万円－配当1,000百万円）となる。

[被買収会社の貸借対照表]　　　　　　　（単位：百万円）

	税務簿価	時価		税務簿価	時価
資産	10,000	10,000	負債	6,000	6,000
			資本金等	3,000	3,000
			利益積立金	1,000	1,000
	10,000	10,000		10,000	10,000

（簿価純資産4,000百万円，時価純資産4,000百万円）

法人所得税の課税関係

まず，（イ）被買収会社側（被買収会社およびその株主），（ロ）買収会社側（買収会社）における法人所得税の課税関係を検討する。

（イ）被買収会社側の税負担

	株式譲渡方式（配当なし）	株式譲渡方式（配当あり）
被買収会社 （日本S社）	株主が変わるだけなので，課税関係は発生しない。	同左。
被買収会社の株主 （B国V社）	株式譲渡益1,000百万円について，B国においては課税されないが，日本において課税され，これはB国における外国税額控除の対象とならない。 →税率が25.5%なので，税負担は以下のとおり。 （譲渡価額－譲渡原価）×25.5% ＝（4,000百万円－3,000百万円）×25.5% ＝255百万円	株式譲渡益の金額に等しい配当1,000百万円について，非課税の取扱いとなるが，配当源泉税50百万円（＝1,000百万円×5%）は税務コストとなる。なお，その後の株式譲渡により，譲渡損益は発生しない。
合計	税負担　255百万円	税負担　50百万円

(ロ) 買収会社側の税負担

	株式譲渡方式（配当なし）	株式譲渡方式（配当あり）
買収会社（日本P社）	単なる株式の取得なので，課税関係は発生しない。	同左（ただし，株式の取得価額は3,000百万円となる）。
合計	税負担　0百万円	税負担　0百万円

(ハ) 合　計

	配当なし	配当あり	有利・不利判定
被買収会社側	255百万円	50百万円	配当をしたほうが有利
買収会社側	0百万円	0百万円	有利・不利なし
合計	255百万円	50百万円	配当をしたほうが有利

総　括

　被買収会社，被買収会社の株主，買収会社における法人所得税の課税関係は上記のとおりである。第4章ケース3(2)では，配当も株式譲渡益も非課税というように，インカム・ゲインとキャピタル・ゲインの課税に差異がない国においては，株式譲渡前に配当を行っても影響がない点を確認した。

　しかしながら，日本とB国の間の租税条約のように，日本における株式譲渡益の源泉地課税が免除されていないケースでは，事前に配当することによって譲渡益を圧縮し，日本における譲渡益課税（源泉地国課税）を低減することが可能になる。すなわち，B国における課税関係としては，株式譲渡前に配当を行おうが行うまいが，譲渡損益は非課税の取扱いとなる。しかしながら，株式譲渡前に配当を行わない場合には，日本で税率25.5％の源泉地国課税があり，255百万円の税負担が発生する。一方，株式譲渡前に配当を行えば，事前の配当に伴う源泉税5％（50百万円）のみの税負担で済み，株式譲渡時には譲渡損益は発生しない。

　また，それ以外の項目についても，同じ株式譲渡方式であることから通常であれば差異は発生しない。

ただし，被買収会社で配当を行ったことにより，被買収会社の自己資本が小さくなるため，買収会社が買収を行った後に増資を引き受ける必要性が生じる可能性がある。この場合，被買収会社において，増加資本金の額に対する登録免許税，資本金等の額の増加による住民税均等割，事業税資本割の増加に関する影響が発生する。

したがって，特に買収後に増資を行う必要がある場合などは，株式譲渡前に配当を行うことがトータルの税負担を増加させる可能性もある。

ケース4　被買収会社において繰越欠損金があるケース

　ここでは，被買収会社が他の内国法人の子会社であり，かつ，多額の繰越欠損金があるケースについて解説を行う。前提条件は以下のとおりである。

前提条件

- 内国法人であるP社は，同じく日本に所在する外資系企業S社を買収する。
- 被買収会社S社の株主は，C国に所在するV社であり，S社の発行済株式のすべてを保有している。
- 被買収会社の株主V社における被買収会社S社株式の取得価額は3,000百万円である。
- 株式譲渡の場合，被買収会社S社株式の譲渡価額は7,000百万円である。
- 事業譲渡の場合も，S社事業の譲渡価額は7,000百万円である。
- C国における実効税率は25％である。
- S社は税務上の繰越欠損金（△10,000百万円）を有している。
- 日本とC国との間の租税条約では，株式の譲渡益に係る源泉地国課税は免除されない（すなわち，日本において課税される）。
- ただし，C国においては，株式の譲渡益に係る日本での課税に外国税額控除を適用することができ，ここでは全額控除の対象になると仮定する。
- C国においては，外国子会社からの配当も課税の対象となるが，当該配当に係る源泉税に（直接）外国税額控除を適用することができ，ここでは全額控除の対象になると仮定する。
- また，C国においては，間接外国税額控除の適用も認められており，ここではS社の当期における納税額が全額控除の対象になると仮定する（ただし，S社の過年度における納税額は無視する）。
- 日本とC国との間の租税条約により，配当源泉税は10％に軽減される。
- S社においては，資産調整勘定の償却費も加味した将来の課税所得の発生

第5章 外資系の日本法人を対象としたM&Aにおける有利・不利判定（ケーススタディ） ◆191

見込みにより，上記の繰越欠損金をすべて利用することができると見込まれている。

[被買収会社の貸借対照表] （単位：百万円）

	税務簿価	時価		税務簿価	時価
資産	8,000	8,000	負債	6,000	6,000
のれん		5,000	資本金等	3,000	3,000
			利益積立金	△1,000	4,000
	8,000	13,000		8,000	13,000

（簿価純資産2,000百万円，時価純資産7,000百万円）

法人所得税の課税関係

まず，（イ）被買収会社側（被買収会社およびその株主），（ロ）買収会社側（買収会社および事業譲受会社）における法人所得税の課税関係を検討する。

（イ）被買収会社側の税負担

	株式譲渡方式	事業譲渡方式
被買収会社 （日本S社）	株主が変わるだけなので，課税関係は発生しない。	事業譲渡益が5,000百万円発生する。 ➡課税所得が5,000百万円であることから，その80%である4,000百万円についてのみ繰越欠損金を使用することができるため，1,000百万円が課税対象となる。税負担は以下のとおり。 1,000百万円×35% ＝350百万円
被買収会社の株主 （C国V社）	株式譲渡益4,000百万円について，まず日本で課税される。 ➡税率が25.5%なので，税負担は以下のとおり。 （譲渡価額－譲渡原価）×25.5%	受取配当金3,650百万円(注2)については，まず日本において配当源泉税365百万円（＝3,650百万円×10%）が課されるが，この部分はC国において（直接）外国税額控除の対象とな

	＝(7,000百万円－3,000百万円)×25.5% ＝1,020百万円 株式譲渡益については，C国でも課税される。 ➡税率が25%なので，税負担は以下のとおり。 （譲渡価額－譲渡原価）×25% ＝(7,000百万円－3,000百万円)×25% ＝1,000百万円 ただし，日本において負担した外国法人税1,020百万円は，C国において外国税額控除の対象となる（△1,020百万円）。 サマリーは(注1)を参照。	る。 また，C国においては，受取配当金3,650百万円は課税の対象となるが，間接外国税額控除が適用できるため，最終的な税額は650百万円となる。計算の詳細については，（注3）を参照。
合計	税負担　1,000百万円	税負担　1,000百万円

（注1）【株式譲渡方式】　被買収会社の株主V社に対する譲渡益課税

①	②＝①×税率	③＝①×税率	④＝－②	⑤＝②＋③＋④
株式譲渡益	日本課税 （源泉地国課税）	C国課税 （居住地国課税）	外国税額控除	税負担合計
4,000	1,020	1,000	△1,020	1,000

（注2）【事業譲渡方式】　被買収会社S社における事業譲渡後の配当可能額

①	②	③＝(①＋②)×税率	④＝①－③	⑤	⑥＝④＋⑤
事業譲渡益	欠損金使用	課税	税引後利益	事業譲渡前利益積立金	配当可能額
5,000	△4,000	350	4,650	△1,000	3,650

（注3）【事業譲渡方式】　被買収会社S社からの配当に係る課税関係

①	②＝①×源泉税率	③＝①＋S社税額	④＝③×税率	⑤＝－②	⑥＝－S社税額	⑦＝②＋④＋⑤＋⑥
受取配当金	日本配当源泉税	課税所得	C国課税	直接外国税額控除	間接外国税額控除	税負担合計
3,650	365	4,000	1,000	△365	△350	650

(ロ) 買収会社側の税負担

	株式譲渡方式	事業譲渡方式
買収会社 (日本P社)	単なる株式の取得なので，課税関係は発生しない。	同左。
被買収会社 (日本S社)／ 事業譲受会社 (日本新設会社)	株主変更により，繰越欠損金は影響を受けず，△3,500百万円（＝10,000百万円×実効税率35%）の節税効果を有する。	資産調整勘定5,000百万円を認識したことにより，将来の課税負担が圧縮される。 ➡実効税率が35%なので，税負担の軽減は以下のとおり。 5,000百万円×35% ＝1,750百万円の税負担の軽減 なお，繰越欠損金は事業譲受会社に引き継がれない。
合計	税負担　△3,500百万円	税負担　△1,750百万円

(ハ) 合　計

	株式譲渡方式	事業譲渡方式	有利・不利判定
被買収会社側	1,000百万円	1,000百万円	有利・不利なし
買収会社側	△3,500百万円	△1,750百万円	株式譲渡方式が有利
合計	△2,500百万円	△750百万円	株式譲渡方式が有利

｜総　括｜

　ここでは，主として買収会社側の観点から，全体としても株式譲渡方式のほうが有利という結論になっている。これは，端的には，株式譲渡方式により得られる繰越欠損金の節税効果が，事業譲渡方式により得られる資産調整勘定の節税効果を上回るためといえる。以下，被買収会社側と買収会社側に分けて解説する。

▶被買収会社側

　まず，被買収会社側（被買収会社およびその株主）を見ると，株式譲渡方式と事業譲渡方式の間で有利・不利はないという結論になっている。これは，Ｃ

国における外国税額控除（特に間接外国税額控除）の適用の結果と考えられる。

　すなわち，株式譲渡方式の場合，まず日本において株式譲渡益4,000百万円が課税の対象となり，法人税のみの税率25.5％が適用され，1,020百万円の税負担が発生する。一方，同じ株式譲渡益（4,000百万円）はＣ国でも課税の対象となり，1,000百万円（税率25％）の税負担が発生するが，Ｃ国における外国税額控除の適用（△1,020百万円）により，トータルの税負担は1,000百万円となる（ただし，Ｃ国の税率が25.5％を下回っているため，外国税額控除の限度額の関係で，控除額が△1,020百万円ではなく，△1,000百万円となり，1,020百万円の税負担が残る可能性が十分に考えられ，その場合にはトータルの税負担が1,000百万円を上回ることになる）。

　一方，事業譲渡方式の場合，被買収会社において事業譲渡益が5,000百万円発生する。この場合，課税所得が5,000百万円とすると，その80％である4,000百万円についてのみ繰越欠損金を使用することができるため，残額の1,000百万円が課税対象となる。したがって，350百万円（税率35％）の税負担が発生することになる。

　しかしながら，その後の配当3,650百万円については，日本で365百万円の配当源泉税を課されるが，これはＣ国で直接外国税額控除が適用できるので，二重課税は排除できる。また，同配当はＣ国において益金算入されるものの，間接外国税額控除を適用できるため，被買収会社の株主のＣ国における納税額は650百万円となる。

　以上より，事業譲渡方式の場合，トータルの税負担は1,000百万円（＝350百万円＋650百万円）となり，被買収会社側にとっては，株式譲渡の場合とトータルの税負担は変わらない。

　ただし，このケースでは無視しているが，Ｓ社の過年度における納税額にも間接外国税額控除が適用できる場合には，事業譲渡方式のほうが有利になる可能性もある。逆に，外国税額控除の枠（控除限度額）が十分になく，間接外国

税額控除をとりきれない場合には，株式譲渡方式のほうが有利になる可能性もある。

▶買収会社側

次に，買収会社側（買収会社および事業譲受会社）について考えると，一般的には，株式譲渡方式によれば，繰越欠損金を将来的に利用できるというメリットがある。一方，事業譲渡方式によれば，買収会社側でのれんの償却による節税効果というメリットが得られる。ただし，いずれの場合も，被買収会社（または同社の事業を引き継ぐ新設会社）において十分な将来所得の発生が見込まれる場合に限られる。

買収会社側から見た有利・不利はこれらのバランスということになるが，このケースでは，繰越欠損金の節税効果（△3,500百万円）が資産調整勘定の節税効果（△1,750百万円）を上回るため，株式譲渡により繰越欠損金を生かすのが得策といえる。

▶その他の留意事項

以上のように，法人所得税の観点だけでいうと，全体的に見て，株式譲渡方式のほうが有利であり，被買収会社側と買収会社側の利害も相反しないため，株式譲渡方式がとられる可能性は高い。しかしながら，実際には，不動産取得税，登録免許税，消費税などの流通税も含めた総合的な判定が必要になるため，ご留意されたい。

第6章

海外から撤退する場合における有利・不利判定
（ケーススタディ）

本章のポイント

　本章では，「外国法人に対して，同一国に所在する外国法人（内国法人の100％子会社）を売却する」場合について，第3章から第5章までと同様，基本的なケースである株式譲渡方式と事業譲渡方式を比較する形で解説を行う。
　ここでの比較検討については，前提条件の数値に応じて行っており，実務上は，個々のケースにより結論が異なることもあり得るため，留意が必要である。

■株式譲渡方式

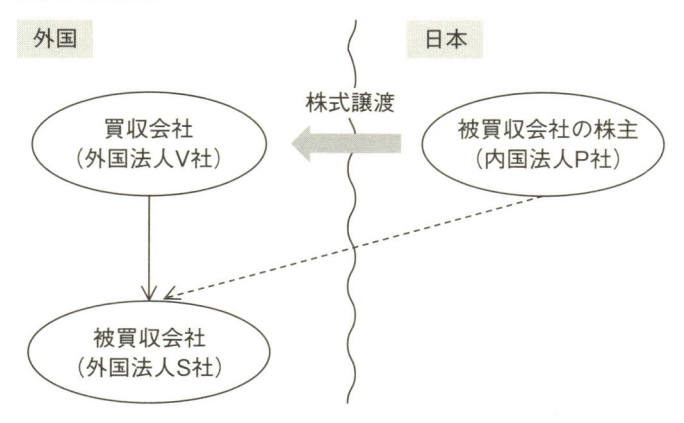

外国　　　　　　　　　　　　　　　　　日本

買収会社　　　　　　株式譲渡　　　被買収会社の株主
（外国法人V社）　　　←　　　　　　（内国法人P社）

↓

被買収会社
（外国法人S社）

■事業譲渡方式

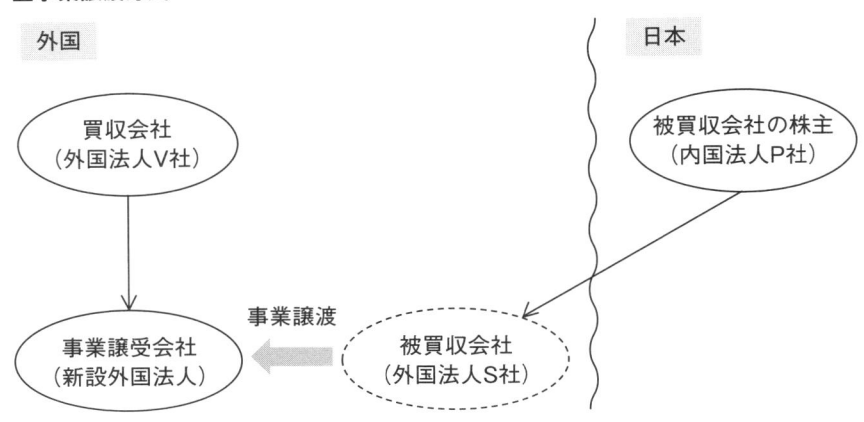

```
    外国                                    日本

 ┌─────────┐                          ┌─────────────┐
 │ 買収会社  │                          │被買収会社の株主│
 │(外国法人V社)│                         │ (内国法人P社)  │
 └────┬────┘                          └──────┬──────┘
      │                                      │
      │           事業譲渡                    │
      ▼     ◄─────────────                   ▼
 ┌─────────┐              ┌─────────┐
 │事業譲受会社│              │ 被買収会社 │
 │(新設外国法人)│             │(外国法人S社)│
 └─────────┘              └─────────┘
```

　第4章と比較すると,買収側と被買収側が逆転している。すなわち,第4章では,海外進出にあたって,内国法人が外国法人から現地企業を買収する場合の課税関係であるが,本章では,海外からの撤退にあたって,内国法人が外国法人に企業を売却する場合の課税関係を取り扱う。

　この外国法人を対象とする買収における売り手サイド(被買収会社および被買収会社の株主)および買い手サイド(買収会社および事業譲受会社)の主な検討ポイントは以下のとおりである。

■売り手サイドの検討ポイント

買収形態	検討主体	検討ポイント
株式譲渡方式	被買収会社の株主	外国における譲渡益課税(源泉地国課税)の有無および日本における外国税額控除の可否
		日本における譲渡益課税
事業譲渡方式	被買収会社	事業譲渡の際の課税関係
事業譲渡方式	被買収会社の株主	事業譲渡後の外国子会社からの配当に係る源泉課税,および外国子会社の清算の課税関係

第6章　海外から撤退する場合における有利・不利判定（ケーススタディ）　◆199

■買い手サイドの検討ポイント

買収形態	検討主体	検討ポイント
株式譲渡方式	被買収会社	繰越欠損金を保有している場合，買収による株主変更が与える影響（一定割合以上の株主変更により繰越欠損金が失効する国があるため）
		優遇税制の適用を受けている場合，買収による株主変更が与える影響（株主変更により優遇税制が継続できなくなるケースがあるため）
事業譲渡方式	事業譲受会社	のれん（およびその他の無形資産）の償却可否（税務上のれんの償却が認められていない国があるため）

　また，本章のケーススタディでは，議論を単純化させるために以下の前提を置いている。

【第6章のケーススタディの前提】
- 日本の法人税，住民税および事業税における実効税率は35％である（つまり，会社の規模，所在地，外形標準課税の適用の有無，同族会社の留保金課税の適用の有無による実効税率の違いは無視する）。
- 復興特別法人税による事業年度ごとの実効税率の違いは無視する。
- 間接税については無視する。
- 買収に伴う付随費用は発生していない。
- 節税効果の計算においては，時間的価値は考慮しない。
- 被買収会社の資本金等の額と被買収会社の株主における被買収会社株式の帳簿価額は一致している。
- 事業譲渡方式による場合，買収会社は全額出資により受け皿会社を新設する（融資は行わない）。
- 事業譲渡方式による場合，被買収会社は事業譲渡後，残存する利益剰余金を（通常の配当として）全額配当のうえ解散するが，被買収会社の株

主には子会社の清算損益は発生しない。
- 被買収会社の株式の価値はその時価純資産（のれんを含む）に等しい。
- いずれの法人も，自国の外に恒久的施設（PE）を有しない。
- 被買収会社の株主からみて，被買収会社は外国子会社配当益金不算入制度にいう「外国子会社」に該当する（つまり，その配当が95％免税となる）。
- 被買収会社はタックス・ヘイブン対策税制の適用対象とならない。
- 外国法人に係る数値についても，（換算後の）円貨で表示する。

　なお，本章においては，日本における「法人税，住民税および事業税」と海外における「法人所得税等の課税所得に連動する税金」を総称して「法人所得税」と呼ぶこととする。

ケース1 含み益の原因が「のれん」を含む無形資産であるケース

(1) 事業譲受会社において，税務上「のれん」の償却ができるケース

前提条件

- 内国法人であるP社は，A国に所在するS社の発行済株式のすべてを保有している。
- P社におけるS社株式の取得価額は1,000百万円である。
- P社は，その保有するS社の発行済株式のすべてを（S社と同じく）A国に所在するV社に売却する。
- 株式譲渡の場合，被買収会社S社株式の譲渡価額は9,000百万円である。
- 事業譲渡の場合も，S社事業の譲渡価額は9,000百万円である。
- A国における実効税率は40％である。
- 日本とA国との間の租税条約により，通常の株式の譲渡益に係る源泉地国課税は免除される（すなわち，A国における課税はない）。
- A国においては，事業譲渡に伴い認識される「のれん」について，償却費の損金算入が認められる。
- S社においては，毎期，のれんの償却費以上の課税所得の発生が見込まれている。
- 日本とA国との間の租税条約により，S社からの配当に係る源泉税は免除される。

[被買収会社の貸借対照表]　　　　　　　　（単位：百万円）

	税務簿価	時価		税務簿価	時価
資産	10,000	10,000	負債	6,000	6,000
のれん		5,000	資本金等	1,000	1,000
			利益積立金	3,000	8,000
	10,000	15,000		10,000	15,000

（簿価純資産4,000百万円，時価純資産9,000百万円）

法人所得税の課税関係

まず，(イ) 被買収会社側（被買収会社およびその株主），(ロ) 買収会社側（買収会社および事業譲受会社）における法人所得税の課税関係を検討する。

(イ) 被買収会社側の税負担

	株式譲渡方式	事業譲渡方式
被買収会社 （A国S社）	株主が変わるだけなので，課税関係は発生しない。	事業譲渡益5,000百万円について課税される。 ➡実効税率が40％なので，税負担は以下のとおり。 （譲渡価額－譲渡原価）×40％ ＝(9,000百万円－4,000百万円)×40％ ＝2,000百万円
被買収会社の株主 （日本P社）	株式譲渡益8,000百万円について，A国では課税されないが，日本で課税される。 ➡実効税率が35％なので，税負担は以下のとおり。 （譲渡価額－譲渡原価）×35％ ＝(9,000百万円－1,000百万円)×35％ ＝2,800百万円	受取配当金6,000百万円(注1)については，95％免税の取扱いとなり，5％部分の課税105百万円が発生する（＝6,000百万円×5％×35％）。なお，配当源泉税は発生しない。計算の詳細については，(注2)を参照。
合計	税負担　2,800百万円	税負担　2,105百万円

(注1) 被買収会社S社における事業譲渡後の配当可能額

①	②＝①×税率	③＝①－②	④	⑤＝③＋④
事業譲渡益	課税	税引後利益	事業譲渡前 利益積立金	配当可能額
5,000	2,000	3,000	3,000	6,000

(注2) 被買収会社S社からの配当に係る課税関係

①	②（課税なし）	③＝①×5％×税率	④＝②＋③
受取配当金	A国配当源泉税	日本課税	税負担合計
6,000	0	105	105

> **実務上のポイント**
>
> 　外国子会社株式を売却する際の源泉地国課税（このケースではA国における課税）の有無を判断するにあたっては，現地の国内法および日本との租税条約の確認が必要になる。しかしながら，実務上，現地の国内法の内容を詳細に検討するのは難しいため，まずは，租税条約の規定を確認するのが一般的である。
> 　例えば，日米租税条約では，第13条において，（いわゆる不動産化体株式以外の）株式の譲渡益への課税は，ごく例外的な場合を除き居住地国課税のみとしており，源泉地国による課税を排除している。したがって，租税条約の規定に従えば，日本親会社が米国子会社株式を売却する場合，基本的には（日本親会社の居住地国である）日本でのみ課税され，（源泉地国である）米国では課税されないこととなる。A国もこのケースに該当する。
> 　一般的には，租税条約で外国子会社所在地国での課税を制限している場合には，租税条約が現地国内法に優先して適用されるので，国内法の規定の如何にかかわらず，現地で譲渡益課税されるリスクは低いものと判断される（ただし，厳密には，米国では，租税条約が国内法に優先されない可能性がある）。
> 　なお，租税条約により，株式の譲渡益に関する源泉地国課税が免除されていない場合は，現地の国内法の規定によることになるため，通常は現地専門家への確認が必要となる。

(ロ) 買収会社側の税負担

	株式譲渡方式	事業譲渡方式
買収会社 （A国V社）	単なる株式の取得なので，課税関係は発生しない。	同左。

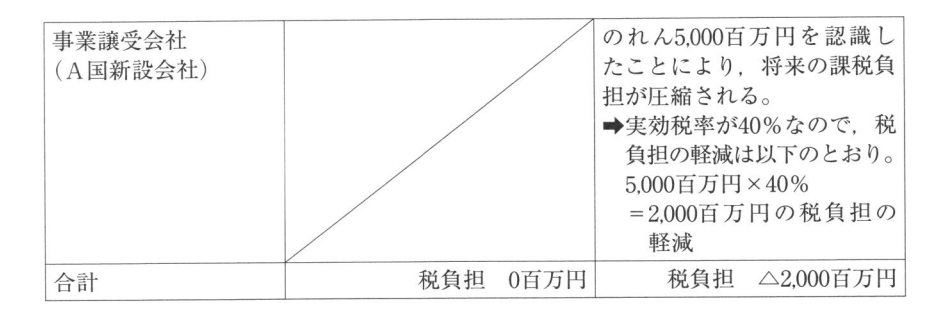

事業譲受会社 （A国新設会社）		のれん5,000百万円を認識したことにより，将来の課税負担が圧縮される。 ➡実効税率が40％なので，税負担の軽減は以下のとおり。 5,000百万円×40％ ＝2,000百万円の税負担の軽減
合計	税負担　0百万円	税負担　△2,000百万円

(ハ) 合　計

	株式譲渡方式	事業譲渡方式	有利・不利判定
被買収会社側	2,800百万円	2,105百万円	事業譲渡方式が有利
買収会社側	0百万円	△2,000百万円	事業譲渡方式が有利
合計	2,800百万円	105百万円	事業譲渡方式が有利

■総　括

　ここでは，被買収会社側，買収会社側，いずれの観点からも，事業譲渡方式のほうが有利という結論になっている。以下，被買収会社側と買収会社側に分けて解説する。

▶被買収会社側

　まず，被買収会社側（被買収会社およびその株主）を見ると，事業譲渡方式のほうが株式譲渡方式より有利になっている。これは，前述のとおり，事業譲渡方式の場合，被買収会社における事業譲渡前の利益積立金が課税の対象とならないためである。

　すなわち，事業譲渡方式の場合，被買収会社において事業譲渡益5,000百万円が課税の対象となり，2,000百万円（税率40％）の税負担が発生するものの，その後の配当は被買収会社の株主において95％免税となり，しかもA国で配当源泉税は課されないため，配当に伴う追加の税負担は105百万円しか生じない。

つまり，外国子会社配当益金不算入制度の存在により，このＡ国における利益は，大きな追加の税負担なく日本に還流させることが可能になる。

第２章で見たとおり，外国子会社配当益金不算入制度の下では，売却（買収）対象会社の所在地国における配当源泉税率が重要になる。これは，外国子会社配当益金不算入制度にいう「外国子会社」からの配当に係る源泉税については，日本における外国税額控除の対象とならず，かつ損金の額にも算入できないため，純粋な税務コストとなるからである。したがって，配当源泉税率には注意を払う必要がある（ケース３参照）。

例えば，米国・英国・オランダ・シンガポール・香港などは，保有割合や保有期間に関する要件を満たせば（何ら要件がない場合もあるが），現地国内法または日本との租税条約により，このケースのＡ国のように配当源泉税が課されない国である。これらの国々から撤退する場合には，法人所得税の観点からは，事業譲渡方式のほうが有利になる傾向がある。

一方，株式譲渡方式の場合，株式譲渡益8,000百万円が課税の対象となるが，これは被買収会社の事業譲渡前の利益積立金（3,000百万円）と事業譲渡益（のれん部分。5,000百万円）に分解できる。すなわち，事業の含み益5,000百万円については，いずれの方式でも課税の対象となるが，事業譲渡前の利益積立金3,000百万円は株式譲渡方式の場合のみ課税の対象になっているといえ，これが有利・不利の原因となっている。

もちろん，事業譲渡方式の場合は，Ａ国における税率40％で課税され，株式譲渡方式の場合は，（源泉地国課税が免除されていれば）日本における税率35％で課税されるという税率差の影響もある。しかしながら，実際にはＡ国のように日本より実効税率が高い国は稀であり，通常は税率面でも事業譲渡方式が有利になることが多い。

▶買収会社側

次に，買収会社側（買収会社および事業譲受会社）を見ても，事業譲渡方式

のほうが株式譲渡方式より有利になっている。これは，事業譲渡方式の場合，のれんの償却による節税効果が見込めるためである。

ただし，これはA国が税務上のれんの償却を認めているからであり，税務上のれんの償却が認められない国においては，基本的にのれんの節税効果は存在しない。また，のれんの節税効果があるのは，被買収会社の事業を引き継ぐ新設会社において十分な（のれんの償却費を上回る）課税所得が見込まれる場合に限られる。これらの点は，第4章の外国法人を買収する場合と同様である。

▶その他の留意事項

以上のように，法人所得税の観点だけでいうと，被買収会社側，買収会社側，いずれから見ても，事業譲渡方式のほうが有利という結論になっているが，実際には，不動産取得（譲渡）税等の不動産の移転に係る諸税，登録免許税，付加価値税などの流通税も含めた総合的な判定が必要になるため，ご留意されたい。

> **実務上のポイント**
>
> 　海外からの事業撤退は，海外への進出以上の労力を要するといわれる。本ケースでは，事業譲渡方式のほうが有利という結論になっているが，一般的には，株式譲渡方式による撤退のほうが容易であることが多い。
>
> 　これは，端的には，事業譲渡方式の場合，事業譲渡後に外国子会社の清算が必要になるため，その法的な手続や資産売却など，手間とコストのかかる作業が求められるからである。また，事業譲渡によって，必ずしも従業員が新会社に引き継がれるわけではないため，従業員を解雇する必要が生じ，経済的な補償に加えて，規模によっては現地政府への説明が必要になることもある。また，特に新興国においては，清算の条件となる税務調査が長期に及ぶことがあり，そもそも清算手続自体が進まないこともある。
>
> 　これら諸要素を考えると，仮に税務面で不利になるとしても，株式譲渡方式で撤退できるのであれば，そちらを採用するという意思決定はあり得るものと考えられる。

(2) 事業譲受会社において，税務上「のれん」の償却はできないが，一定の無形資産は償却できるケース

前提条件

- 内国法人であるP社は，B国に所在するS社の発行済株式のすべてを保有している。
- P社におけるS社株式の取得価額は1,000百万円である。
- P社は，その保有するS社の発行済株式のすべてを（S社と同じく）B国に所在するV社に売却する。
- 株式譲渡の場合，被買収会社S社株式の譲渡価額は9,000百万円である。
- 事業譲渡の場合も，S社事業の譲渡価額は9,000百万円である。
- B国における実効税率は32%であるが，B国内国法人の場合，株式あるいは事業の譲渡益（キャピタル・ゲイン）については，22%の税率で課税される。
- 日本とB国との間の租税条約により，株式の譲渡益に係る源泉地国課税は免除されず，B国の国内法により，外国法人（日本の株主）の譲渡益は，内国法人とは異なり，B国において，21%の税率で課税される。
- P社は，外国税額控除の控除枠（控除限度額）を十分に持っている。
- B国では，配当に係る源泉税は課されない。
- B国においては，事業譲渡に伴い認識される「のれん」について，償却費の損金算入は認められないが，一定の無形資産については償却費の損金算入が認められる。
- S社においては，毎期，無形資産の償却費以上の課税所得の発生が見込まれている。

[被買収会社の貸借対照表]　　　　　　　　（単位：百万円）

	税務簿価	時価		税務簿価	時価
資産	10,000	10,000	負債	6,000	6,000
のれん		3,000	資本金等	1,000	1,000
その他無形資産		2,000	利益積立金	3,000	8,000
	10,000	15,000		10,000	15,000

（簿価純資産4,000百万円，時価純資産9,000百万円）

法人所得税の課税関係

まず，（イ）被買収会社側（被買収会社およびその株主），（ロ）買収会社側（買収会社および事業譲受会社）における法人所得税の課税関係を検討する。

（イ）被買収会社側の税負担

	株式譲渡方式	事業譲渡方式
被買収会社 （B国S社）	株主が変わるだけなので，課税関係は発生しない。	事業譲渡益5,000百万円について課税される。 ➡キャピタル・ゲイン課税の税率が22％なので，税負担は以下のとおり。 （譲渡価額－譲渡原価）×22％ ＝（9,000百万円－4,000百万円）×22％ ＝1,100百万円
被買収会社の株主 （日本P社）	株式譲渡益8,000百万円について，まずB国で課税される。 ➡税率が21％なので，税負担は以下のとおり。 （譲渡価額－譲渡原価）×21％ ＝（9,000百万円－1,000百万円）×21％ ＝1,680百万円 株式譲渡益については，日本でも課税される。 ➡税率が35％なので，税負担	受取配当金6,900百万円(注2)については，95％免税の取扱いとなり，5％部分の課税121百万円が発生する（＝6,900百万円×5％×35％）。なお，配当源泉税は課されない。計算の詳細については，（注3）を参照。

第6章 海外から撤退する場合における有利・不利判定(ケーススタディ)

	は以下のとおり。 (譲渡価額－譲渡原価)×35％ ＝(9,000百万円－1,000百万円)×35％ ＝2,800百万円 ただし，B国において負担した外国法人税1,680百万円は，日本において外国税額控除の対象となる(△1,680百万円)。課税関係のサマリーは(注1)を参照。	
合計	税負担　2,800百万円	税負担　1,221百万円

(注1) 被買収会社の株主P社における株式譲渡の課税関係

①	②＝①×税率	③＝①×税率	④＝－②	⑤＝②+③+④
株式譲渡益	B国 譲渡益課税	日本課税	外国税額控除	税負担合計
8,000	1,680	2,800	△1,680	2,800

(注2) 被買収会社S社における事業譲渡後の配当可能額

①	②＝①×税率	③＝①－②	④	⑤＝③+④
事業譲渡益	課税	税引後利益	事業譲渡前 利益積立金	配当可能額
5,000	1,100	3,900	3,000	6,900

(注3) 被買収会社S社からの配当に係る課税関係

①	②（課税なし）	③＝①×5％×税率	④＝②+③
受取配当金	B国 配当源泉税	日本課税	税負担合計
6,900	0	121	121

実務上のポイント

前述のとおり，外国子会社株式を売却した際の源泉地国課税（このケースではＢ国における課税）の有無を判断するにあたっては，現地の国内法および日本との租税条約の確認が必要になる。

実務上は，租税条約の規定を確認するのが一般的と思われるが，例えば，日中租税条約の第13条を見ると，日本親会社が中国子会社の株式を譲渡した際の譲渡益について，源泉地国である中国の課税権は排除されていない。したがって，中国の国内法で課税扱いとなっていれば，そのまま課税されてしまうことになり，中国の国内法の詳細な検討が必要になる。

中国においては，持分譲渡の所得の源泉地は基本的には被投資企業の所在地（中国子会社を売却した場合は中国）とされており，グループ内譲渡等の一定の持分譲渡を除いては，中国で課税が行われることが多い。

なお，仮に現地で課税が行われた場合，現地で課税された法人税については，基本的に日本で外国税額控除の対象となり，本ケースのように外国税額控除の枠が十分にある場合には，二重課税が排除されることになる。

(ロ) 買収会社側の税負担

	株式譲渡方式	事業譲渡方式
買収会社 （Ｂ国Ｖ社）	単なる株式の取得なので，課税関係は発生しない。	同左。
事業譲受会社 （Ｂ国新設会社）		のれんの節税効果はないが，無形資産2,000百万円を認識したことにより，将来の課税負担が圧縮される。 ➡実効税率が32％なので，税負担の軽減は以下のとおり。 2,000百万円×32％ ＝△640百万円の税負担の軽減
合計	税負担　0百万円	税負担　△640百万円

(ハ) 合　計

	株式譲渡方式	事業譲渡方式	有利・不利判定
被買収会社側	2,800百万円	1,221百万円	事業譲渡方式が有利
買収会社側	0百万円	△640百万円	事業譲渡方式が有利
合計	2,800百万円	581百万円	事業譲渡方式が有利

総　括

　ここでは，被買収会社側，買収会社側，いずれの観点からも，事業譲渡方式のほうが有利という結論になっている。以下，被買収会社側と買収会社側に分けて解説する。

▶被買収会社側

　まず，被買収会社側（被買収会社およびその株主）を見ると，事業譲渡方式のほうが株式譲渡方式より有利になっているが，これは，(1)のケースと同様，事業譲渡方式の場合，被買収会社における事業譲渡前の利益積立金が課税の対象とならないためである。

　(1)のケースと比べて，事業譲渡方式による被買収会社側（被買収会社およびその株主）の税負担額が小さいのは，22％というＢ国の税率が（(1)のケースの）Ａ国における税率（40％）よりも低いためである。そして，外国子会社配当益金不算入制度の存在により，このＢ国における利益は，大きな追加の税負担なく日本に還流させることが可能になる。

　一方，このケースでは，株式譲渡の場合，その譲渡益について，日本のみならず，Ｂ国でも課税されている。これは，Ｂ国が「外国法人株主による自国企業の株式譲渡に係る譲渡益」に課税することとしており，それが日本との租税条約で免除されていない場合に発生する。

　したがって，外国税額控除の控除限度額が十分に発生している場合[※]には，Ｂ国における譲渡益課税は，売り手である被買収会社の株主の追加の税負担と

はならない。しかしながら，日本親会社が欠損の場合など，外国税額控除の控除限度額が十分に発生しない場合には，外国税額控除が機能しないことがあり，上記の2,800百万円に加えて，B国における課税1,680百万円がそのまま二重課税として残ることがある。そうなると，トータルの税負担は4,480百万円と非常に重くなる。

このような場合には，外国法人税を損金算入することも選択肢となる。また，ケース3で見るように，株式譲渡前に配当を行うことも検討する余地があろう。

※　日本で外国税額控除を適用するにあたり，従来は実務上この譲渡益が国内源泉所得か国外源泉所得かが必ずしも明確でない点があったが，平成23年度税制改正により，租税条約を締結している相手国等で外国法人税を課された所得（租税条約の規定により条約相手国等において租税を課すことができることとされる所得）は国外源泉所得として取り扱われることとされた（法令142④三）。これにより，平成23年4月1日以後に開始する事業年度においては，海外子会社株式の売却により譲渡益が発生し，それが条約締結国である子会社所在地国で課税された場合には，基本的にはその譲渡益は国外源泉所得となり，外国税額控除の枠の発生に寄与することになる。

▶買収会社側

次に，買収会社側（買収会社および事業譲受会社）を見ても，事業譲渡方式のほうが株式譲渡方式より有利になっている。これは，B国においては，税務上のれんの償却が認められていないものの，一定の無形資産については償却が認められており，事業譲渡方式の場合，（のれん以外の）無形資産の償却による節税効果が見込めるためである。

第4章で見たとおり，節税効果という観点からは，事業譲渡時の購入対価の配分（PPA）において，買収会社側は可能な限り，（のれんではなく）償却可能な無形資産に購入原価を配分すべきといえる。このように，被買収会社側の立場から考えても，買収会社側のメリットを追求することは，より有利な売却条件を模索するうえで重要といえる。

なお，のれん以外の無形資産に係る節税効果についても，被買収会社の事業を引き継ぐ新設会社において十分な（その償却費を上回る）課税所得の発生見

込みが要求される点は(1)のケースと同様である。

▶その他の留意事項

　以上のように，法人所得税の観点だけでいうと，被買収会社側，買収会社側，いずれから見ても，事業譲渡方式のほうが有利という結論になっているが，実際には，不動産取得（譲渡）税等の不動産の移転に係る諸税，登録免許税，付加価値税などの流通税も含めた総合的な判定が必要になるため，ご留意されたい。

(3) 事業譲受会社において，税務上「のれん」の償却ができないケース

前提条件

- 内国法人であるP社は，B国に所在するS社の発行済株式のすべてを保有している。
- P社におけるS社株式の取得価額は1,000百万円である。
- P社は，その保有するS社の発行済株式のすべてを（S社と同じく）B国に所在するV社に売却する。
- 株式譲渡の場合，被買収会社S社株式の譲渡価額は9,000百万円である。
- 事業譲渡の場合も，S社事業の譲渡価額は9,000百万円である。
- B国における実効税率は32％であるが，B国内国法人の場合，株式あるいは事業の譲渡益の譲渡益（キャピタル・ゲイン）については，22％の税率で課税される。
- 日本とB国との間の租税条約により，株式の譲渡益に係る源泉地国課税は免除されず，外国法人（日本の株主）の譲渡益は，内国法人とは異なり，B国において，21％の税率で課税される。
- P社は，外国税額控除の控除枠（控除限度額）を十分に持っている。
- B国では，配当に係る源泉税は課されない。
- B国においては，事業譲渡に伴い認識される「のれん」について，償却費の損金算入は認められない。

[被買収会社の貸借対照表]　　　　　　　（単位：百万円）

	税務簿価	時価		税務簿価	時価
資産	10,000	10,000	負債	6,000	6,000
のれん		5,000	資本金等	1,000	1,000
			利益積立金	3,000	8,000
	10,000	15,000		10,000	15,000

（簿価純資産4,000百万円，時価純資産9,000百万円）

法人所得税の課税関係

まず，(イ) 被買収会社側（被買収会社およびその株主），(ロ) 買収会社側（買収会社および事業譲受会社）における法人所得税の課税関係を検討する。

(イ) 被買収会社側の税負担

	株式譲渡方式	事業譲渡方式
被買収会社 （B国S社）	株主が変わるだけなので，課税関係は発生しない。	事業譲渡益5,000百万円について課税される。 ➡キャピタル・ゲイン課税の税率が22％なので，税負担は以下のとおり。 （譲渡価額－譲渡原価）×22％ ＝（9,000百万円－4,000百万円）×22％ ＝1,100百万円
被買収会社の株主 （日本P社）	株式譲渡益8,000百万円について，まずB国で課税される。 ➡税率が21％なので，税負担は以下のとおり。 （譲渡価額－譲渡原価）×21％ ＝（9,000百万円－1,000百万円）×21％ ＝1,680百万円 株式譲渡益については，日本でも課税される。	受取配当金6,900百万円(注2)については，95％免税の取扱いとなり，5％部分の課税121百万円が発生する（＝6,900百万円×5％×35％）。なお，配当源泉税は発生しない。計算の詳細については，(注3) を参照。

	（譲渡価額－譲渡原価）×35% ＝（9,000百万円－1,000百万円）×35% ＝2,800百万円 ただし，B国において負担した外国法人税1,680百万円は，日本において外国税額控除の対象となる（△1,680百万円）。課税関係のサマリーは（注1）を参照。	
合計	税負担　2,800百万円	税負担　1,221百万円

（注1）被買収会社の株主P社における株式譲渡の課税関係

①	②＝①×税率	③＝①×税率	④＝－②	⑤＝②+③+④
株式譲渡益	B国 譲渡益課税	日本課税	外国税額控除	税負担合計
8,000	1,680	2,800	△1,680	2,800

（注2）被買収会社S社における事業譲渡後の配当可能額

①	②＝①×税率	③＝①－②	④	⑤＝③+④
事業譲渡益	課税	税引後利益	事業譲渡前 利益積立金	配当可能額
5,000	1,100	3,900	3,000	6,900

（注3）被買収会社S社からの配当に係る課税関係

①	②（課税なし）	③＝①×5％×税率	④＝②+③
受取配当金	B国 配当源泉税	日本課税	税負担合計
6,900	0	121	121

(ロ) 買収会社側の税負担

	株式譲渡方式	事業譲渡方式
買収会社 （B国V社）	単なる株式の取得なので、課税関係は発生しない。	同左。
事業譲受会社 （B国新設会社）		のれんは税務上償却できないため、将来の課税負担を圧縮する効果はない。
合計	税負担　0百万円	税負担　0百万円

(ハ) 合　計

	株式譲渡方式	事業譲渡方式	有利・不利判定
被買収会社側	2,800百万円	1,221百万円	事業譲渡方式が有利
買収会社側	0百万円	0百万円	有利・不利なし
合計	2,800百万円	1,221百万円	事業譲渡方式が有利

総括

このように、被買収会社の含み益の原因がのれんであるケースでは、買収会社側から見れば、株式譲渡方式と事業譲渡方式に有利・不利はない。しかしながら、のれんが税務上償却できない場合であっても、被買収会社側は、事業譲渡方式のほうが有利であり、全体としても事業譲渡方式のほうが有利という結論になる。

▶被買収会社側

まず、被買収会社側（被買収会社およびその株主）を見ると、事業譲渡方式のほうが株式譲渡方式より有利になっている。これは、(1)および(2)のケースと同様、事業譲渡方式では被買収会社が保有している含み益（ここでは5,000百万円）についてのみ課税されるのに対し、株式譲渡方式では被買収会社における課税済みの利益である利益積立金（3,000百万円）も課税の対象となるからである。

▶買収会社側

次に，買収会社側（買収会社および事業譲受会社）を見ると，株式譲渡方式と事業譲渡方式との間に有利・不利はない。これは，B国においては，税務上のれんの償却が認められず，のれんの償却による節税効果が見込めないためである。

▶その他の留意事項

以上のように，法人所得税の観点だけでいうと，主として被買収会社側の観点から，全体として事業譲渡方式のほうが有利であるという結論になっているが，実際には，不動産取得（譲渡）税等の不動産の移転に係る諸税，登録免許税，付加価値税などの流通税も含めた総合的な判定が必要になるため，ご留意されたい。

ケース2　含み益の原因が土地であるケース

　被買収会社株式の含み益の原因が土地である場合、課税関係は基本的にケース1(3)と同じロジックで考えることになる。すなわち、被買収会社が保有している土地を売却する予定がない場合、事業譲渡による簿価のステップ・アップは、ちょうど償却できない「のれん」と同様だからである。

　ケース1(3)において、のれんの代わりに土地に含み益がある場合（例えば、被買収会社が以下のような貸借対照表の場合）、課税関係は基本的にはケース1(3)と同様となる。

[被買収会社の貸借対照表]　　　　　　　　（単位：百万円）

	税務簿価	時価		税務簿価	時価
その他の資産	5,000	5,000	負債	6,000	6,000
土地	5,000	10,000	資本金等	1,000	1,000
			利益積立金	3,000	8,000
	10,000	15,000		10,000	15,000

　つまり、事業譲渡方式の場合でも、事業譲受会社に節税効果はないということになるが、これはあくまでも土地を売却する予定がないことが前提である。もし、売却する予定があれば、事業譲渡により簿価がステップ・アップしているため、含み益部分の節税効果があることになる。

　なお、土地が多額にある場合、事業譲渡方式では、不動産取得（譲渡）税等の不動産の移転に係る諸税が重要になる。

　また、株式譲渡方式の場合でも、不動産を多額に保有する法人の株式を譲渡した場合、被買収会社の所在地国によっては、不動産の譲渡に係る税金を課されることもある。例えば、日米租税条約における不動産化体株式（法人資産価値の50％以上が不動産により構成されている株式等）の取扱いは第5章で説明したとおりだが、同じく米国の例でいえば、不動産を多額に保有する法人の株

式を譲渡した場合,(不動産自体を譲渡したわけでもないが,)州税レベルで不動産の譲渡に係る税金を課されることもあるので,注意が必要である。

ケース3　株式購入前に多額の配当を行う手法

　ケース1で見たとおり，税務上，被買収会社の株主が法人株主である場合において，事業譲渡方式のほうが株式譲渡方式よりもメリットがある理由の1つとして，被買収会社の株主において発生する株式譲渡益を配当へ振り替えることができる点が挙げられる。

　そのため，類似の効果を出すために，株式譲渡前に，被買収会社が配当可能利益全額を配当することで株式譲渡益を圧縮し，受取配当金へ振り替えるという手法も一般的に行われている。

　被買収会社の株主が内国法人の場合，外国子会社からの配当には外国子会社配当益金不算入制度が適用されるため，外国子会社の所在地国における配当源泉税率が重要になってくる。したがって，ここでは，(1)外国子会社の所在地国において配当源泉税が課されないパターンと，(2)外国子会社の所在地国における配当源泉税率が比較的高いパターンを見ていく。

(1) 被買収会社の所在地国に配当源泉税がないケース

前提条件

- 内国法人であるP社は，C国に所在するS社の発行済株式のすべてを保有している。
- P社におけるS社株式の取得価額は3,000百万円である。
- P社は，その保有するS社の発行済株式のすべてを（S社と同じく）C国に所在するV社に売却する。
- 株式譲渡前に配当を行わない場合，被買収会社S社株式の譲渡価額は4,000百万円である。
- C国では，株式の譲渡益の源泉課税は行われない。
- C国では，配当に係る源泉税は課されない。

第6章　海外から撤退する場合における有利・不利判定（ケーススタディ）　◆221

前提条件―譲渡前に配当を行った場合

- 上記の前提条件に加えて，P社による株式譲渡の前に，被買収会社S社が配当可能利益の全額（1,000百万円）について配当を行ったとする。
- この場合の被買収会社S社株式の譲渡価額は3,000百万円（＝4,000百万円－配当1,000百万円）となる。

[被買収会社の貸借対照表]　　（単位：百万円）

	税務簿価	時価		税務簿価	時価
資産	10,000	10,000	負債	6,000	6,000
			資本金等	3,000	3,000
			利益積立金	1,000	1,000
	10,000	10,000		10,000	10,000

（簿価純資産4,000百万円，時価純資産4,000百万円）

法人所得税の課税関係

まず，（イ）被買収会社側（被買収会社およびその株主），（ロ）買収会社側（買収会社）における法人所得税の課税関係を検討する。

（イ）被買収会社側の税負担

	株式譲渡方式（配当なし）	株式譲渡方式（配当あり）
被買収会社 （C国S社）	株主が変わるだけなので，課税関係は発生しない。	同左。
被買収会社の株主 （日本P社）	株式譲渡益1,000百万円について，C国では課税されないが，日本で課税される。 ➡実効税率が35％なので，税負担は以下のとおり。 （譲渡価額－譲渡原価）×35％ ＝（4,000百万円－3,000百万円）×35％ ＝350百万円	受取配当金1,000百万円については，95％免税の取扱いとなり，5％部分の課税18百万円が発生する（＝1,000百万円×5％×35％）。なお，配当源泉税は課されない。計算の詳細については，（注）を参照。 なお，その後の株式譲渡により，譲渡損益は発生しない。
合計	税負担　350百万円	税負担　18百万円

(注) 被買収会社S社からの配当に係る課税関係

①	②（課税なし）	③＝①×5％×税率	④＝②＋③
受取配当金	C国 配当源泉税	日本課税	税負担合計
1,000	0	18	18

> **実務上の
ポイント**
>
> 　外国子会社からの配当については，現地で配当源泉税が課されることが多いが，その税率については，①現地国内法における配当源泉税率に②租税条約による配当源泉税率の減免を加味して，③最終的な配当源泉税率（①・②のうちいずれか低いほう）を確認することになる（ただし，日本と子会社所在地国との間に租税条約がなければ，①が最終的な配当源泉税率となる。例えば，台湾がこれに当てはまる）。
>
> 　ここで，①現地国内法における配当源泉税率については，現地の専門家に確認すべき性質のものであるが，②の租税条約による減免については，日本と子会社所在地国との租税条約に限度税率（上限となる税率）が記載されており，比較的容易に情報が入手できる。
>
> 　このような状況で実務上よくある誤りとしては，②の租税条約上に記載のある限度税率をもって，③の実際に適用される配当源泉税率を考えてしまう，ということがある。
>
> 　例えば，シンガポールについていえば，②シンガポールとの間の租税条約（日星租税条約）においては，配当源泉税率の上限が5％または15％とされているが，①シンガポールの国内法において，配当源泉税は課されないこととされている。したがって，③シンガポールからの配当に源泉税は課されないというのが結論となる。この場合，②日星租税条約だけを見ていると，結論を誤ることになるため，注意が必要である。
>
> 　ただし，一般的には，②を見れば，子会社の所在地国が最大で何％の配当源泉税を課し得るかを確認することができる。例えば，②日米租税条約のように，一定の要件を満たす配当については源泉税が免除されるようなケースでは，基本的に①米国の国内法の検討は不要といえる。

(ロ) 買収会社側の税負担

	株式譲渡方式（配当なし）	株式譲渡方式（配当あり）
買収会社 （C国V社）	単なる株式の取得なので，課税関係は発生しない。	同左（ただし，株式の取得価額は3,000百万円となる）。
合計	税負担　0百万円	税負担　0百万円

(ハ) 合　計

	配当なし	配当あり	有利・不利判定
被買収会社側	350百万円	18百万円	配当をしたほうが有利
買収会社側	0百万円	0百万円	有利・不利なし
合計	350百万円	18百万円	配当をしたほうが有利

総括

　被買収会社，被買収会社の株主，買収会社における法人所得税の課税関係は上記のとおりであり，被買収会社側（被買収会社およびその株主）から見て，株式譲渡前に配当を行うほうが有利という結果となっている。

　これは，第4章で見たように，インカム・ゲイン（配当）とキャピタル・ゲイン（株式譲渡益）の課税関係に差異がある国において，一般に当てはまる結論であり，日本もこのパターンに該当する。すなわち，株式の売り手（被買収会社の株主）から見ると，株式譲渡前の配当は，株式譲渡益（の一部）を受取配当金に置き換える行為といえ，「外国子会社からの配当は95％免税，外国子会社株式の譲渡益は全額課税」という日本においては，節税効果をもつ。

　このケースでは，株式の含み益部分（1,000百万円）について，配当の形で受け取れば税負担は18百万円となる。第2章のとおり，外国子会社配当益金不算入制度が適用される場合，外国子会社からの配当に係る税負担は「配当額×(1.75％＋配当源泉税率)」となり，C国では配当源泉税が課されないため，1.75％部分の課税のみとなる（1,000百万円×1.75％＝約18百万円）。一方，株式の含み益部分（1,000百万円）を株式の譲渡対価の一部として受け取ると，350

百万円（＝1,000百万円×35％）の課税が発生する。したがって，1.75％と35％という税負担率の差が，株式譲渡前に配当することによる差異となっている。

それ以外の項目については，同じ株式譲渡方式であることから通常であれば差異は発生しない。

ただし，被買収会社で配当を行ったことにより，被買収会社の自己資本が小さくなるため，買収会社が買収を行った後に増資を引き受ける必要性が生じる可能性がある。この場合，被買収会社において，日本における登録免許税のように，増資に伴う税負担（例えば，香港のcapital dutyなど）が発生する可能性が高い。

しかしながら，買収企業サイドにおける子会社政策上，特に増資を行う必要がないと判断された場合には，配当を行う方式のほうが，配当を行わない方式と比較して332百万円の節税効果があると判断される。

(2) 被買収会社の所在地国に配当源泉税があるケース

前提条件

- 内国法人であるP社は，D国に所在するS社の発行済株式のすべてを保有している。
- P社におけるS社株式の取得価額は3,000百万円である。
- P社は，その保有するS社の発行済株式のすべてを（S社と同じく）D国に所在するV社に売却する。
- 株式譲渡前に配当を行わない場合，被買収会社S社株式の譲渡価額は4,000百万円である。
- 日本とD国との間の租税条約により，通常の株式の譲渡益に係る源泉地国課税は免除される（すなわち，D国における課税はない）。
- （D国の国内法および）日本とD国との間の租税条約により，配当源泉税は15％とされる。

第6章　海外から撤退する場合における有利・不利判定（ケーススタディ）　◆225

前提条件―譲渡前に配当を行った場合

- 上記の前提条件に加えて，V社による株式譲渡の前に，被買収会社S社が配当可能利益の全額（1,000百万円）について配当を行ったとする。
- この場合の被買収会社S社株式の譲渡価額は3,000百万円（＝4,000百万円－配当1,000百万円）となる。

[被買収会社の貸借対照表]　　　　　（単位：百万円）

	税務簿価	時価		税務簿価	時価
資産	10,000	10,000	負債	6,000	6,000
			資本金等	3,000	3,000
			利益積立金	1,000	1,000
	10,000	10,000		10,000	10,000

（簿価純資産4,000百万円，時価純資産4,000百万円）

法人所得税の課税関係

まず，（イ）被買収会社側（被買収会社およびその株主），（ロ）買収会社側（買収会社）における法人所得税の課税関係を検討する。

（イ）被買収会社側の税負担

	株式譲渡方式（配当なし）	株式譲渡方式（配当あり）
被買収会社 （D国S社）	株主が変わるだけなので，課税関係は発生しない。	同左。
被買収会社の株主 （日本P社）	株式譲渡益1,000百万円について，D国では課税されないが，日本で課税される。 ➡実効税率が35％なので，税負担は以下のとおり。 （譲渡価額－譲渡原価）×35％ ＝（4,000百万円－3,000百万円）×35％ ＝350百万円	受取配当金1,000百万円については，95％免税の取扱いとなり，5％部分の課税18百万円が発生する（＝1,000百万円×5％×35％）。また，配当源泉税150百万円（＝1,000百万円×15％）も課され，この部分も税負担となる。計算の詳細については，（注）を参照。

		なお，その後の株式譲渡により，譲渡損益は発生しない。
合計	税負担　350百万円	税負担　168百万円

（注）被買収会社S社からの配当に係る課税関係

①	②＝①×源泉税率	③＝①×5％×税率	④＝②＋③
受取配当金	D国配当源泉税	日本課税	税負担合計
1,000	150	18	168

(ロ) 買収会社側の税負担

	株式譲渡方式（配当なし）	株式譲渡方式（配当あり）
買収会社（D国V社）	単なる株式の取得なので，課税関係は発生しない。	同左（ただし，株式の取得価額は3,000百万円となる）。
合計	税負担　0百万円	税負担　0百万円

(ハ) 合 計

	配当なし	配当あり	有利・不利判定
被買収会社側	350百万円	168百万円	配当をしたほうが有利
買収会社側	0百万円	0百万円	有利・不利なし
合計	350百万円	168百万円	配当をしたほうが有利

総 括

　被買収会社，被買収会社の株主，買収会社における法人所得税の課税関係は上記のとおりであり，被買収会社側（被買収会社およびその株主）から見て，株式譲渡前に配当を行うほうが有利という結果となっている。

　これは，(1)のケースと同様，株式の売り手（被買収会社の株主）から見ると，株式譲渡前の配当は，株式譲渡益（の一部）を受取配当金に置き換える行為といえ，「外国子会社からの配当は95％免税，外国子会社株式の譲渡益は全額課税」という日本においては，節税効果をもつ。

前述のとおり，外国子会社配当益金不算入制度が適用される場合，外国子会社からの配当に係る税負担は「配当額×(1.75％＋配当源泉税率)」となるが，D国では配当源泉税が15％と比較的高い水準となっているため，トータルで16.75％（＝1.75％＋15％）の税負担となる（1,000百万円×16.75％＝約168百万円）。(1)のケースにおいては，C国では配当源泉税が課されなかったため，税負担額は18百万円となっており，このケースよりも150百万円税負担が小さかった。この差はD国の配当源泉税率15％に対応する。ここからわかるとおり，被買収（売却対象）会社所在地国の配当源泉税率は非常に重要といえる。

一方，株式の含み益部分（1,000百万円）を株式の譲渡対価の一部として受け取ると，350百万円（＝1,000百万円×35％）の課税が発生するのは(1)のケースと同様である。したがって，配当源泉税率が高い場合でも，株式譲渡前に配当することが有利であるという結論は変わらない。ただし，その差異は16.75％と35％との差であり，(1)のケースに比べると小さくなっている。つまり，被買収会社の所在地国の配当源泉税率が高いと，譲渡前配当の効果が薄れるということである。

それ以外の項目については，同じ株式譲渡方式であることから通常であれば差異は発生しない。

ただし，被買収会社で配当を行ったことにより，被買収会社の自己資本が小さくなるため，買収会社が買収を行った後に増資を引き受ける必要性が生じる可能性がある。この場合，被買収会社において，日本における登録免許税のように，増資に伴う税負担（例えば，香港のcapital dutyなど）が発生する可能性が高い。

しかしながら，買収企業サイドにおける子会社政策上，特に増資を行う必要がないと判断された場合には，配当を行う方式のほうが，配当を行わない方式と比較して182百万円の節税効果があると判断される。

(3) 現地譲渡益課税への影響

　(1)のケースのC国，(2)のケースのD国とも，日本親会社による外国子会社株式の売却に際して，現地で譲渡益課税が行われない前提となっている。しかしながら，仮に外国子会社の所在地国が株式の譲渡益について源泉地国課税を行うとすれば，第5章のケース3で見たとおり，株式譲渡前の配当には株式譲渡益に係る源泉地国課税の金額を低減させる効果もある。この点は，日本親会社に外国税額控除の枠（限度額）が十分発生しておらず，海外における課税を低減させたい場合には特に重要である。

ケース4　被買収会社において繰越欠損金があるケース

　ここでは，被買収会社が内国法人の子会社であり，かつ，多額の繰越欠損金があるケースについて解説を行う。国によっては，株主変更により繰越欠損金が失効することがあるため，(1)株主変更により繰越欠損金が失効しないケースと，(2)失効するケースに分けて見ていく。

(1) 被買収会社において，株主変更により繰越欠損金が失効しないケース

前提条件

- 内国法人であるP社は，E国に所在するS社の発行済株式のすべてを保有している。
- P社におけるS社株式の取得価額は3,000百万円である。
- P社は，その保有するS社の発行済株式のすべてを（S社と同じく）E国に所在するV社に売却する。
- 株式譲渡の場合，被買収会社S社株式の譲渡価額は7,000百万円である。
- 事業譲渡の場合も，S社事業の譲渡価額は7,000百万円である。
- E国における実効税率は25％である。
- 日本とE国との間の租税条約により株式の譲渡益に係る源泉地国課税は免除されず，日本の株主の譲渡益はE国において10％の税率で課税される。
- P社は，外国税額控除の控除枠（控除限度額）を十分に持っている。
- S社は税務上の繰越欠損金（△10,000百万円）を有している。
- E国においては，株主変更があった場合でも，一定の要件を満たせば繰越欠損金が失効せず，ここではその要件を満たしていると仮定する。
- S社においては，上記の繰越欠損金をすべて利用することができるだけの十分な将来収益が期待されている。
- （E国の国内法および）日本とE国との間の租税条約により，配当源泉税

は10％とされる。
- E国においては，事業譲渡に伴い認識される「のれん」について，償却費の損金算入は認められない。

[被買収会社の貸借対照表]　　　　（単位：百万円）

	税務簿価	時価		税務簿価	時価
資産	8,000	8,000	負債	6,000	6,000
のれん		5,000	資本金等	3,000	3,000
			利益積立金	△1,000	4,000
	8,000	13,000		8,000	13,000

（簿価純資産2,000百万円，時価純資産7,000百万円）

法人所得税の課税関係

まず，（イ）被買収会社側（被買収会社およびその株主），（ロ）買収会社側（買収会社および事業譲受会社）における法人所得税の課税関係を検討する。

（イ）被買収会社側の税負担

	株式譲渡方式	事業譲渡方式
被買収会社 （E国S社）	株主が変わるだけなので，課税関係は発生しない。	事業譲渡益が5,000百万円（＝7,000百万円－2,000百万円）発生するが，税務上の繰越欠損金（△10,000百万円）の範囲内のため，税負担は発生しない。
被買収会社の株主 （日本P社）	株式譲渡益4,000百万円について，まずE国で課税される。 ➡税率が10％なので，税負担は以下のとおり。 （譲渡価額－譲渡原価）×10％ ＝（7,000百万円－3,000百万円）×10％ ＝400百万円	受取配当金4,000百万円(注2)については，95％免税の取扱いとなり，5％部分の課税70百万円が発生する（＝4,000百万円×5％×35％）。また，配当源泉税400百万円（＝4,000百万円×10％）も課され，この部分も税負担となる。計算の詳細については，（注3）を

	株式譲渡益については、日本でも課税される。 ➡税率が35％なので、税負担は以下のとおり。 （譲渡価額－譲渡原価）×35％ ＝（7,000百万円－3,000百万円）×35％ ＝1,400百万円 ただし、E国において負担した外国法人税400百万円は、日本において外国税額控除の対象となる（△400百万円）。課税関係のサマリーは（注1）を参照。	参照。
合計	税負担　1,400百万円	税負担　470百万円

（注1）被買収会社の株主P社における株式譲渡の課税関係

①	②＝①×税率	③＝①×税率	④＝－②	⑤＝②＋③＋④
株式譲渡益	E国 譲渡益課税	日本課税	外国税額控除	税負担合計
4,000	400	1,400	△400	1,400

（注2）被買収会社S社における事業譲渡後の配当可能額

①	②	③＝（①＋②） ×税率	④＝①－③	⑤	⑥＝④＋⑤
事業譲渡益	欠損金使用	課税	税引後利益	事業譲渡前 利益積立金	配当可能額
5,000	△5,000	0	5,000	△1,000	4,000

（注3）被買収会社S社からの配当に係る課税関係

①	②＝①×源泉税率	③＝①×5％×税率	④＝②＋③
受取配当金	E国 配当源泉税	日本課税	税負担合計
4,000	400	70	470

(ロ) 買収会社側の税負担

	株式譲渡方式	事業譲渡方式
買収会社 （E国V社）	単なる株式の取得なので、課税関係は発生しない。	同左。
被買収会社 （E国S社）／ 事業譲受会社 （E国新設会社）	株主変更により、繰越欠損金は影響を受けず、△2,500百万円（＝△10,000百万円×実効税率25%）の節税効果を有する。	繰越欠損金は事業譲受会社に引き継がれない。 また、のれんは税務上償却できないため、将来の課税負担を圧縮する効果はない。
合計	税負担　△2,500百万円	税負担　0百万円

(ハ) 合　計

	株式譲渡方式	事業譲渡方式	有利・不利判定
被買収会社側	1,400百万円	470百万円	事業譲渡方式が有利
買収会社側	△2,500百万円	0百万円	株式譲渡方式が有利
合計	△1,100百万円	470百万円	株式譲渡方式が有利

■総　括

　ここでは、被買収会社側の観点からは事業譲渡方式のほうが有利であるが、買収会社側の観点からは株式譲渡方式のほうが有利であり、全体としても株式譲渡方式のほうが有利という結論になっている。これは、端的には、被買収会社の繰越欠損金が大きく、事業譲渡方式では繰越欠損金をすべて使用することができないためといえるが、以下、被買収会社側と買収会社側に分けて解説する。

▶被買収会社側

　まず、被買収会社側（被買収会社およびその株主）を見ると、事業譲渡方式のほうが株式譲渡方式より有利になっている。これは、株式譲渡方式の場合、被買収会社の株主において譲渡益課税が行われるのに対し、事業譲渡方式の場合、被買収会社において発生する事業譲渡益は、その繰越欠損金の範囲内であれば課税されないためである。

言い換えると，事業譲渡方式の場合，事業譲渡に伴って実現する（被買収会社ののれんを含む）資産の含み損益と相殺する形で，繰越欠損金を使用することができる。

しかしながら，このケースでは，繰越欠損金△10,000百万円のうち，△5,000百万円しか使用できておらず，残額の△5,000百万円は実質的には失効したのと同じである。この点が，本ケースにおいて，買収会社側で，（また全体としても）事業譲渡方式が不利になる原因の1つである。

▶買収会社側

次に，買収会社側（買収会社および事業譲受会社）を見ると，株式譲渡方式のほうが事業譲渡方式より有利になっている。

第4章で見たとおり，一般に，繰越欠損金を保有している外国法人を買収する場合，国によっては，買収により株主が変更になることで，繰越欠損金が失効する場合がある。ただし，E国においては，株主変更があった場合でも，一定の要件を満たせば繰越欠損金が失効せず，その要件を満たしている前提である。したがって，株式譲渡方式は被買収会社の繰越欠損金△10,000百万円を，将来にわたり，そのまま利用することができるというメリットがある。これは，前述のとおり，事業譲渡方式の場合，繰越欠損金△10,000百万円のうち，△5,000百万円を使用できないのとは対照的である。

ただし，繰越欠損金の繰越期限には注意する必要がある。

また，このケースについては，E国で税務上のれんの償却が認められていない関係で，買収会社側から見ると，事業譲渡方式によるメリットは小さく，上記のとおり繰越欠損金を生かせる株式譲渡方式のほうが望ましい。

以上は第4章で見た，繰越欠損金を保有する外国法人を買収する場合の留意点とほぼ同様である。しかしながら，本ケースは被買収会社の株主が内国法人

であるため，日本の税法が適用される点が異なる。

具体的には，被買収会社の株主の視点では，株式譲渡方式による場合，株式譲渡益は必ず日本の税率（あるいは二重課税が残る場合はそれ以上の税率）で課税される。また，事業譲渡方式による場合，事業譲渡後にかかる税負担は「配当額×（1.75％＋配当源泉税率）」となる。したがって，被買収会社側から見ると，基本的には事業譲渡方式のほうが有利になる。

▶被買収会社側と買収会社側の調整

以上のように，全体で見れば，株式譲渡方式のほうが有利だが，被買収会社側（被買収会社の株主）にとっては，事業譲渡方式のほうが有利である。これは，株式譲渡方式の場合は，自身にキャッシュ・アウトが生じる一方，繰越欠損金の温存は，買収会社側のメリットだからである。

このように，株式譲渡方式と事業譲渡方式の間で，被買収会社側と買収会社側の利害が相反する場合，全体で見て有利な株式譲渡方式を採用し，買収会社側で得ることになるメリットの一部を，譲渡対価の調整により，被買収会社側に移転するという方法も考えられる。

なお，ケース3のとおり，株式譲渡前の配当を行えば，被買収会社の株主にとっての株式譲渡方式のデメリットを低減することが可能だが，このケースではS社に利益剰余金が存在しないので，この方法は基本的に選択できないと考えられる。

▶その他の留意事項

法人所得税の観点だけでいうと，以上のような結論になっているが，実際には，不動産取得（譲渡）税等の不動産の移転に係る諸税，登録免許税，付加価値税などの流通税も含めた総合的な判定が必要になるため，ご留意されたい。

(2) 被買収会社において，株主変更により繰越欠損金が失効するケース

前提条件

- 内国法人であるP社は，F国に所在するS社の発行済株式のすべてを保有している。
- P社におけるS社株式の取得価額は3,000百万円である。
- P社は，その保有するS社の発行済株式のすべてを（S社と同じく）F国に所在するV社に売却する。
- 株式譲渡の場合，被買収会社S社株式の譲渡価額は7,000百万円である。
- 事業譲渡の場合も，S社事業の譲渡価額は7,000百万円である。
- F国における実効税率は25％であるが，株式の譲渡益（キャピタル・ゲイン）については，一定の要件を満たせば非課税となり，ここではその要件を満たしていると仮定する。
- S社は税務上の繰越欠損金（△10,000百万円）を有している。
- F国においては，株主変更があった場合でも，一定の要件を満たせば繰越欠損金が失効しないが，ここではその要件を満たせず，繰越欠損金が失効すると仮定する。
- 日本とF国との間の租税条約により，S社からの配当に係る源泉税は免除される。
- F国においては，事業譲渡に伴い認識される「のれん」について，償却費の損金算入が認められる。
- S社においては，毎期，のれんの償却費以上の課税所得の発生が見込まれている。

[被買収会社の貸借対照表]　　　　　　　（単位：百万円）

	税務簿価	時価		税務簿価	時価
資産	8,000	8,000	負債	6,000	6,000
のれん		5,000	資本金等	3,000	3,000
			利益積立金	△1,000	4,000
	8,000	13,000		8,000	13,000

（簿価純資産2,000百万円，時価純資産7,000百万円）

法人所得税の課税関係

まず，（イ）被買収会社側（被買収会社およびその株主），（ロ）買収会社側（買収会社および事業譲受会社）における法人所得税の課税関係を検討する。

（イ）被買収会社側の税負担

	株式譲渡方式	事業譲渡方式
被買収会社 （F国S社）	株主が変わるだけなので，課税関係は発生しない。	事業譲渡益が5,000百万円（＝7,000百万円－2,000百万円）発生するが，税務上の繰越欠損金（△10,000百万円）の範囲内のため，税負担は発生しない。
被買収会社の株主 （日本P社）	株式譲渡益4,000百万円について，F国では課税されないが，日本で課税される。 ➡実効税率が35％なので，税負担は以下のとおり。 （譲渡価額－譲渡原価）×35％ ＝（7,000百万円－3,000百万円）×35％ ＝1,400百万円	受取配当金4,000百万円[注1]については，95％免税の取扱いとなり，5％部分の課税70百万円が発生する（＝4,000百万円×5％×35％）。なお，配当源泉税は発生しない。計算の詳細については，（注2）を参照。
合計	税負担　1,400百万円	税負担　70百万円

(注1) 被買収会社S社における事業譲渡後の配当可能額

① 事業譲渡益	② 欠損金使用	③＝(①＋②)×税率 課税	④＝①－③ 税引後利益	⑤ 事業譲渡前利益積立金	⑥＝④＋⑤ 配当可能額
5,000	△5,000	0	5,000	△1,000	4,000

(注2) 被買収会社S社からの配当に係る課税関係

① 受取配当金	②（課税なし） F国配当源泉税	③＝①×5％×税率 日本課税	④＝②＋③ 税負担合計
4,000	0	70	70

(ロ) 買収会社側の税負担

	株式譲渡方式	事業譲渡方式
買収会社 （F国V社）	単なる株式の取得なので，課税関係は発生しない。	同左。
被買収会社 （F国S社）／ 事業譲受会社 （F国新設会社）	株主変更により被買収会社の欠損金は失効するので，買収会社側に繰越欠損金の節税効果は残らない。	繰越欠損金は事業譲受会社に引き継がれない。 しかしながら，のれん5,000百万円を認識したことにより，将来の課税負担が圧縮される。 ➡実効税率が25％なので，税負担の軽減は以下のとおり。 5,000百万円×25％ ＝1,250百万円の税負担の軽減
合計	税負担　0百万円	税負担　△1,250百万円

(ハ) 合　計

	株式譲渡方式	事業譲渡方式	有利・不利判定
被買収会社側	1,400百万円	70百万円	事業譲渡方式が有利
買収会社側	0百万円	△1,250百万円	事業譲渡方式が有利
合計	1,400百万円	△1,180百万円	事業譲渡方式が有利

総 括

ここでは，(1)のケースとは異なり，被買収会社側の観点からも，事業譲渡方式のほうが有利という結論になっている。これは，端的には，F国において繰越欠損金の継続使用に係る要件を満たせず，繰越欠損金が失効することを前提としているからである。つまり，(1)のケースで見た株式譲渡方式のメリットが，このケースではなくなっていることになる。以下，被買収会社側と買収会社側に分けて解説する。

▶被買収会社側

まず，被買収会社側（被買収会社およびその株主）を見ると，事業譲渡方式については，事業譲渡を行っても，譲渡損益を上回るだけの繰越欠損金があるため，課税所得は発生しない。その後の配当についても，F国はこのケースでは配当源泉税を課さないので，外国子会社配当益金不算入制度の適用により，税負担は非常に小さくなっている。

一方，株式譲渡方式については，日本における課税のみとなるが，それでも35％の高率で課税されることの影響は大きい。純粋に税務上の影響だけを考えれば，日本では譲渡益課税を発生させる株式譲渡方式は可能な限り避けるべきといえる。

▶買収会社側

次に，買収会社側（買収会社および事業譲受会社）について考えると，一般的には，株式譲渡方式によれば，繰越欠損金を将来的に利用できるというメリットが考えられる。一方，事業譲渡方式によれば，買収会社側でののれんの償却による節税効果というメリットが得られる。買収会社側から見た有利・不利はこれらのバランスということになるが，F国の場合，買収によって株主が変更になることで，繰越欠損金が失効するため，(1)のケースと異なり，株式譲渡方式のメリットは存在しない。これに対して，F国では税務上ものれんの償却が認められているため，事業譲渡方式の場合には，のれんの償却による節税メ

リットを得ることが可能になる。

▶その他の留意事項

　全体で見れば，事業譲渡方式のほうが有利であり，しかも，被買収会社側と買収会社側のいずれも事業譲渡方式のほうが有利であるため，事業譲渡方式がとられる可能性は高い。ただし，実際には，不動産取得（譲渡）税等の不動産の移転に係る諸税，登録免許税，付加価値税などの流通税も含めた総合的な判定が必要になるため，ご留意されたい。

ケース5 被買収会社が優遇税制の適用を受けているケース

前提条件

- 内国法人であるP社は、G国に所在するS社の発行済株式のすべてを保有している。
- P社における被買収会社S社株式の取得価額は3,000百万円である。
- P社は、その保有するS社の発行済株式のすべてを（S社と同じく）G国に所在するV社に売却する。
- 株式譲渡の場合、被買収会社S社株式の譲渡価額は4,000百万円である。
- 事業譲渡の場合も、S社事業の譲渡価額は4,000百万円である。
- G国における実効税率は20%であるが、S社は優遇税制の適用を受けており、今後8年間にわたって、法人所得税が免税となる。
- 日本とG国との間の租税条約により、株式の譲渡益に係る源泉地国課税は免除されず、日本の株主の譲渡益はG国において15%の税率で課税される。
- P社は、外国税額控除の控除枠（控除限度額）を十分に持っている。
- G国においては、株主変更があった場合でも、一定の要件を満たせば優遇税制の継続が可能となり、ここではその要件を満たしていると仮定する。
- ただし、G国に新設した子会社が事業を譲り受けた場合は、優遇税制の引継ぎはできない。
- S社においては、買収後は毎年500百万円の課税所得の発生が見込まれる。
- （G国の国内法および）日本とG国との間の租税条約により、配当源泉税は10%とされる。

[被買収会社の貸借対照表] （単位：百万円）

	税務簿価	時価		税務簿価	時価
資産	10,000	10,000	負債	6,000	6,000
			資本金等	3,000	3,000
			利益積立金	1,000	1,000
	10,000	10,000		10,000	10,000

（簿価純資産4,000百万円、時価純資産4,000百万円）

第6章 海外から撤退する場合における有利・不利判定(ケーススタディ) ◆241

法人所得税の課税関係

まず,(イ)被買収会社側(被買収会社およびその株主),(ロ)買収会社側(買収会社および事業譲受会社)における法人所得税の課税関係を検討する。

(イ) 被買収会社側の税負担

	株式譲渡方式	事業譲渡方式
被買収会社 (G国S社)	株主が変わるだけなので,課税関係は発生しない。	事業譲渡損益は発生せず,税負担も発生しない。
被買収会社の株主 (日本P社)	株式譲渡益1,000百万円について,まずG国で課税される。 ➡税率が15%なので,税負担は以下のとおり。 (譲渡価額－譲渡原価)×15% ＝(4,000百万円－3,000百万円)×15% ＝150百万円 株式譲渡益については,日本でも課税される。 ➡税率が35%なので,税負担は以下のとおり。 (譲渡価額－譲渡原価)×35% ＝(4,000百万円－3,000百万円)×35% ＝350百万円 ただし,G国において負担した外国法人税150百万円は,日本において外国税額控除の対象となる(△150百万円)。課税関係のサマリーは(注1)を参照。	受取配当金1,000百万円(注2)については,95%免税の取扱いとなり,5%部分の課税18百万円が発生する(＝1,000百万円×5%×35%)。また,配当源泉税100百万円(＝1,000百万円×10%)も課され,この部分も税負担となる。計算の詳細については,(注3)を参照。
合計	税負担　350百万円	税負担　118百万円

(注1) 被買収会社の株主P社における株式譲渡の課税関係

①	②＝①×税率	③＝①×税率	④＝－②	⑤＝②＋③＋④
株式譲渡益	G国譲渡益課税	日本課税	外国税額控除	税負担合計
1,000	150	350	△150	350

(注2) 被買収会社S社における事業譲渡後の配当可能額

①	②＝①×税率	③＝①－②	④	⑤＝③＋④
事業譲渡益	課税	税引後利益	事業譲渡前利益積立金	配当可能額
0	0	0	1,000	1,000

(注3) 被買収会社S社からの配当に係る課税関係

①	②＝①×源泉税率	③＝①×5％×税率	④＝②＋③
受取配当金	G国配当源泉税	日本課税	税負担合計
1,000	100	18	118

(ロ) 買収会社側の税負担

	株式譲渡方式	事業譲渡方式
買収会社 (G国V社)	単なる株式の取得なので、課税関係は発生しない。	同左。
被買収会社 (G国S社)／ 事業譲受会社 (G国新設会社)	株主変更により、優遇税制は影響を受けず、△800百万円（＝500百万円×実効税率20%×8年）の節税効果を有する。	優遇税制は事業譲受会社に引き継がれない。また、そもそも事業にのれんが存在せず、節税効果は発生しない。
合計	税負担　△800百万円	税負担　0百万円

(ハ) 合 計

	株式譲渡方式	事業譲渡方式	有利・不利判定
被買収会社側	350百万円	118百万円	事業譲渡方式が有利
買収会社側	△800百万円	0百万円	株式譲渡方式が有利
合計	△450百万円	118百万円	株式譲渡方式が有利

総 括

ここでは，被買収会社側の観点からは事業譲渡方式のほうが有利であるが，買収会社側の観点からは株式譲渡方式のほうが有利であり，全体としても株式譲渡方式のほうが有利という結論になっている。これは，端的には，被買収会社の優遇税制の節税効果が大きく，優遇税制を引き継ぐことができない事業譲渡方式よりも，それを引き継ぐことができる株式譲渡方式のほうが有利ということになるが，以下，被買収会社側と買収会社側に分けて解説する。

▶被買収会社側

まず，被買収会社側（被買収会社およびその株主）を見ると，事業譲渡方式のほうが株式譲渡方式より有利になっている。これは，端的には，事業譲渡方式の場合，被買収会社における事業譲渡前の利益積立金部分が，外国子会社配当益金不算入制度の対象となる一方，株式譲渡方式の場合には，通常の税率で課税されるためである。

▶買収会社側

次に，買収会社側（買収会社および事業譲受会社）を見ると，株式譲渡方式のほうが事業譲渡方式より有利になっている。

すなわち，第4章で見たとおり，優遇税制の適用を受けている会社を買収する場合，事業譲渡方式によれば，優遇税制は基本的には被買収会社の事業を引き継ぐ新設会社には引き継がれない（ただし，新設会社が新たに優遇税制の適用を受けられる可能性がある）。

このケースでも，G国に新設した子会社が事業を譲り受けた場合，優遇税制の引継ぎはできないため，事業譲渡方式による場合，優遇税制の節税効果を失うこととなる。このような場合，そもそも被買収会社の事業から所得が見込めない場合を除いては，事業譲渡方式が不利になることは多い。

ただし，事業譲渡方式の場合，外国子会社配当益金不算入制度の存在により，被買収会社の利益剰余金は，大きな追加の税負担なく日本に還流させることが

可能になる。

なお,事業譲渡方式によれば,通常は買収会社側でのれんの償却という節税メリットが得られるが,このケースでは,事業に含み益が存在しないので,この点は考慮されていない。

同じ状況で,株式譲渡方式を考えてみると,優遇税制の適用を受けている会社を買収する場合,買収によって株主が変更になることで,優遇税制が失効する可能性がある。ただし,株主変更等の必要な手続(例えば,タイにおける投資委員会への通知など)を踏めば,優遇税制の適用を継続できる場合が多いものと思われる。

G国においては,株主変更があった場合でも,一定の要件を満たせば優遇税制の継続が可能となり,ここではその要件を満たしていることが前提となっている。優遇税制の内容は「今後8年間にわたって,法人所得税が免税」というものであるため,被買収会社において,今後8年間に発生が見込まれる所得に対応する税額分だけの節税効果があるといえる。

▶被買収会社側と買収会社側の調整

全体で見れば,株式譲渡方式のほうが有利だが,被買収会社側(被買収会社の株主)にとっては,事業譲渡方式のほうが有利である。これは,株式譲渡方式の場合は,自身にキャッシュ・アウトが生じる一方,将来にわたる優遇税制の継続は,買収会社側のメリットだからである。

1つの解決策としては,ケース3のように,株式譲渡前に配当を行うことが考えられ,これにより,譲渡益課税を低減することが可能になる。しかしながら,それが実行できない場合には,株式譲渡方式と事業譲渡方式の間で,被買収会社側と買収会社側の利害が相反し,譲渡対価等による調整が必要になると考えられる。

▶その他の留意事項

　法人所得税の観点だけでいうと，以上のような結論になっているが，実際には，不動産取得（譲渡）税等の不動産の移転に係る諸税，登録免許税，付加価値税などの流通税も含めた総合的な判定が必要になるため，ご留意されたい。

ケース6 被買収会社の清算により株式譲渡損が認識されるケース

　ここまでは，「被買収会社の資本金等の額と，その株主における被買収会社株式の帳簿価額は一致している」という前提で課税関係を検討してきた。しかしながら，実際には，特に第三者から買収した外国子会社などについては，(被買収会社の株主における）被買収会社株式の帳簿価額が，被買収会社の資本金等の額を上回っていることが多いと考えられる。

　外国子会社を清算する場合，外国子会社は最終的には日本親会社に対して清算配当を行うが，この場合，日本親会社においては，税務上みなし配当および株式譲渡損益が認識される。

　単純化していうと，みなし配当は，清算による払戻金額のうち，被買収会社の資本金等の額を超える部分（端的には利益積立金部分）となる。一方，被買収会社の資本金等の額と被買収会社株式の帳簿価額（譲渡原価）の差額が株式譲渡損益となる。計算式にすると，以下のとおりである（詳細については，「第7章5　外国子会社の清算」参照）。

【みなし配当，株式譲渡損益の計算式】

- みなし配当＝払戻金額－資本金等の額
- 株式譲渡損益＝資本金等の額－譲渡原価

　前述のとおり，みなし配当は，外国子会社配当益金不算入制度の要件を満たしている前提で，95％免税となる一方，外国子会社株式の譲渡損益はそのまま損金または益金の額に算入されるため，課税所得へのインパクトを見極めることが重要になる。

　例えば，会計上の清算損益がゼロであっても，税務上はみなし配当100と株

式譲渡損△100が認識されるケースであれば、課税所得に与える影響は△95となる（＝100×5％＋△100）。

したがって、被買収会社の株主としては、「被買収会社の純資産の構成」および「被買収会社株式の帳簿価額」から、事業譲渡方式によって被買収会社を清算した場合の課税所得インパクトを事前に検討しておく必要があるといえる。

第7章 クロスボーダーのグループ内再編

本章のポイント

　外国に支店や子会社を有する法人がグループ内再編を行う場合には，日本の租税法だけでなく，外国の租税法についても検討が必要になってくる。
　しかしながら，日本や諸外国の租税法は，その国の民法や会社法を前提として規定されており，他国の民法や会社法のすべてを想定して規定がなされているわけではない。そのため，実務上，どのように解釈をすべきなのかについては，必ずしも統一した見解があるわけではない。
　本章では，クロスボーダーのグループ内再編を行った場合に，論点になりやすい事項について解説を行う。

1　日本に支店を有する外国法人の合併

　日本に支店を有する外国法人が合併を行った場合には，被合併法人の資産および負債が合併法人に移転することになるが，日本の支店に帰属する資産および負債も移転することから，原則として，日本の支店に帰属する部分については，譲渡損益に対して，日本の法人税，住民税および事業税が課されるべきである（法法142）。
　また，日本の法人税法における「適格合併」については，外国の会社法に基づいて行われた「合併」であっても，税制適格要件を満たすのであれば，適格合併として処理し，譲渡損益を認識しないと解釈するのが一般的である。

税制適格要件を満たすか否かというのは，国内における合併と同様に検討すればよいので，クロスボーダー特有の問題にはなり得ない。しかしながら，実務上，問題となるのは，外国で行われた組織法上の行為が，そもそも「合併」なのかという点である。つまり，日本の会社法においては「合併」が規定されているが，外国の会社法では，日本の会社法における「合併」と必ずしも足並みをそろえているわけではなく，むしろ，日本の会社法における「合併」という行為よりも，「事業譲渡を行った後に，譲渡法人を清算する」という行為に類似していると思われる規定もある。

　つまり，日本に支店を有する外国法人の合併においては，そもそも日本の会社法に照らし合わせて「合併」という行為に類似していなければ，租税法上も，「合併」と取り扱うことはできず，結果として，税制適格要件を検討するまでもなく，時価で資産および負債を移転すべきであるという結論になる。

　このように，日本と諸外国が連携して会社法を定めているわけでもないのに，諸外国の会社法に基づいて行われた行為が日本の会社法における合併と類似しているのか否かという判定を行わなければならないという点に，クロスボーダーの組織再編の難しさがある。したがって，個別の案件において，税務専門家の見解を統一させるということのほうが難しく，実務においては，合併契約書を日本の会社法を意識しながら作成するなど，否認されるリスクを減らすための作業も行われている。

　なお，日本において譲渡損益を認識せざるを得ない場合において，外国法人の居住地において外国税額控除を認識することができるのか否かという点については，外国法人の居住地における租税法を確認する必要がある。

■日本に支店を有する外国法人の合併

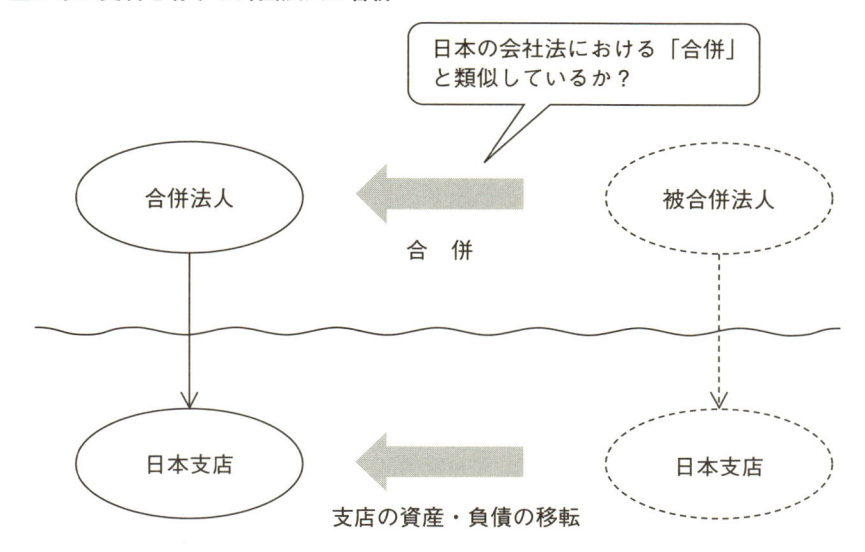

［図：合併法人 ← 被合併法人（合併）／日本支店 ← 日本支店（支店の資産・負債の移転）／吹き出し「日本の会社法における「合併」と類似しているか？」］

※　このような諸外国と日本における会社法の違いにつき、外国における組織再編成を日本の租税法上、どのように解釈すべきかについて、「外国における組織再編成に係る我が国租税法上の取扱いについて（平成24年4月9日 国際的組織再編等課税問題検討会 公益社団法人 日本租税研究協会）」が公表されている。

2　外国に支店を有する内国法人の合併

　外国に支店を有する内国法人が合併を行った場合には、日本国内の支店に帰属する資産および負債のみならず、外国の支店に帰属する資産および負債も移転することから、日本の法人税および住民税の計算上、非適格合併に該当するのであれば、外国の支店に帰属する資産および負債についても時価で移転することにより譲渡損益を認識し、適格合併に該当するのであれば、簿価で移転することになる。
　また、外国支店の所在地国においてどのように取り扱われるのかという点も問題になり、これについては、その外国支店の所在地国における租税法により検討を行う必要がある。

もし，外国支店の所在地国において課税され，日本の租税法においても非適格合併として処理されるということになれば，日本の租税法において，外国税額控除を適用することにより，二重課税の調整を行うということになる。

実務上，悩ましい点としては，外国支店の所在地国において課税され，日本の租税法において適格合併として処理されてしまう場合の処理である。具体的には，外国税額控除を適用することができるか否かという問題が生じる。

すなわち，外国税額控除を適用することができるか否かという問題については，そもそも日本では適格合併として処理されていることから，二重課税は発生していないため，理論的には，外国税額控除の対象にする必要はないという考え方もあり得る。法人税法施行令第142条の3第7項において控除対象外国法人税から除外すべきものとして，本件のような組織再編成は含まれていないものの，外国税額控除を認識することができる限度額（控除限度額）の計算が以下のようになされるため，単純にいうと，（譲渡利益が認識されないことで）国外所得金額が小さくなり，控除限度額が小さくなって，結果的に，外国税額控除の対象にすることができないという状態が起こりやすい。

【控除限度額の計算】

$$控除限度額 = 法人税額 \times \frac{国外所得金額}{全体の所得金額}$$

このように，外国に支店を有する内国法人の合併については，日本と外国の両方の税制を検討しなければならないという点が悩ましい。

3　日本に子会社を有する外国法人の合併

日本に子会社を有する外国法人が合併を行った場合には，被合併法人の資産である子会社株式が合併法人に移転することになるため，原則として，日本の法人税が課されるべきである（法法142）。

しかしながら，通常の株式譲渡についても，恒久的施設を有しない場合に課

税される株式譲渡益は一定のものに限られていることから，非適格合併を行った場合についても同様に，特殊関係株主による株式譲渡（事業譲渡類似株式の譲渡）などに限定されている（「第2章3　インバウンド税制」参照）。

事業譲渡類似株式の譲渡については，日本子会社の株式を25％以上保有しており，5％以上を譲渡すれば該当するので，日本に子会社を有する外国法人が合併を行った場合には，これに該当しやすい。

なお，事業譲渡類似株式の譲渡に該当する場合であっても，外国法人の合併が適格合併に該当するのであれば，日本国内においては課税されるべきものではない。すなわち，外国法人の合併が日本の会社法における合併に類似しているか否かの判定を行ったうえで，税制適格要件の判定を行うことになる（「(1)日本に支店を有する外国法人の合併」参照）。

ただ，実務上は，租税条約により，子会社株式の譲渡についての課税が減免されていることが多く，結果的に，問題にならないことも少なくはない。

※　なお，上記とは逆のケースであるが，外国法人株式を保有する内国法人を被合併法人とする合併を行った場合についても，日本の法人税法上は，適格合併として処理することができたとしても，当該外国法人が所在する国において，当該外国法人株式を譲渡したものとして課税されるケースも考えられるため，現地の税法および租税条約の適用につき，調査を行う必要があるという点について留意が必要である。

4　外国子会社同士の合併

①　株主課税

外国子会社同士が合併を行う場合には，その株主である日本の親会社においても課税の検討を行う必要がある。

つまり，適格合併に該当する場合には株主課税は生じないが，非適格合併に該当する場合にはみなし配当課税や株式譲渡益課税の問題が生じることになる（「第2章7(6)株主課税」参照）。なお，みなし配当については，一定の要件を満たした場合には，みなし配当の金額の95％については，益金の額に算入しな

いことが可能である（「第2章4(2)外国子会社配当益金不算入制度」参照）。

　実務上，問題となってくるのは，外国法人の合併が日本の会社法における合併に類似しているか否かという点である（「1　日本に支店を有する外国法人の合併」参照）。

　さらに，「合併」ではないと判定された場合には，日本の租税法上，どのような行為が行われたのかという当てはめをしたうえで，課税関係の整理をしていなければならないため，実務上，悩ましい論点である。

② **タックス・ヘイブン対策税制**

　さらに，外国子会社同士が合併などの組織再編成を行い，それに伴う資産および負債の移転について，課税の繰延措置（日本でいう適格組織再編成のような制度）の適用を受けている場合にも悩ましい問題がある。具体的には，タックス・ヘイブン対策税制の適用リスクという問題である。

　すなわち，租税負担割合がトリガー税率に抵触してしまうか否かの判定（20％以下かどうかの判定）は以下のように行われる（措令39の14②）（「第2章4(3)タックス・ヘイブン対策税制」参照）。

【20％以下かどうかの判定】

$$\frac{\text{現地において納付する法人税等}}{\text{現地の法令に基づく所得の金額＋現地の法令で非課税とされる所得}} \leq 20\%$$

　このように，分母には，「現地の法令で非課税とされる所得」が含まれているため，現地において被合併法人からの資産および負債の移転が課税されないときは，「現地の法令で非課税とされる所得」が発生することになる。

　その結果，トリガー税率に抵触してしまい，タックス・ヘイブン対策税制の対象になる可能性があるという点に留意が必要である。適用除外基準があることから，トリガー税率に抵触したといっても，（資産性所得を除いて）必ずしも，タックス・ヘイブン対策税制の対象になるわけではないという点にも留意

が必要である（「第 2 章 4 (3)タックス・ヘイブン対策税制」参照）。

これに対し，外国子会社の所在地国において，譲渡損失を認識することにより分子の法人税等が圧縮される場合は，分母における「現地の法令に基づく所得の金額」も圧縮されるため，この場合については特に問題にはならない。

> ※ なお，租税負担割合の計算式にいう「現地の法令で非課税とされる所得」（「その本店所在地国の法令により外国法人税の課税標準に含まれないこととされる所得の金額」）は，その本店所在地国の法令により，現在のみならず将来においても課税されない「非課税の所得」と考えられる，という国税庁調査査察部調査課主査の見解（私見）がある（国際税務研究会「外国子会社合算税制の適用に関する最近の事例研究（上）」『国際税務』27 巻 5 号）。この考え方に基づけば，一時的に課税されない「課税の繰延べ」は「非課税の所得」とは区別されるべきであり，租税負担割合の分母に加算しなくてよいとも考えられるが，いずれにせよ，明文の規定は存在しない。

5　外国子会社の清算

内国法人が発行済株式の全部を保有する100％子会社（内国法人に限る）を解散した場合には，当該100％子会社に対する株式譲渡損益を認識することができない一方で（法法61の2⑯），当該100％子会社の繰越欠損金を親会社に引き継ぐことができるようになり（法法57②），100％子会社との適格合併を行った場合の取扱いに足並みをそろえることになった（「第 2 章 7 (7)完全子会社の清算における繰越欠損金の引継ぎ」参照）。

しかしながら，グループ法人税制の適用は，内国法人間の取引に限定されているため，内国法人の外国子会社が解散をした場合には，グループ法人税制が適用されず，みなし配当と株式譲渡損益を認識する必要が生じる。

なお，単純化のために，内国法人が発行済株式の全部を直接に保有する外国子会社の残余財産が確定した場合を前提にすると，みなし配当と株式譲渡損益の計算は以下のとおりとなる。

【みなし配当の金額】

> みなし配当の金額（法法24①三，法令23①三）
> ＝交付を受けた金銭等の時価－外国子会社の資本金等の額

※ なお，株主が複数存在するケースについては，「外国子会社の資本金等の額」を株式数で按分する必要がある。

【株式譲渡損益の金額】

> 株式譲渡損益の金額（法法61の2①一）
> ＝交付を受けた金銭等の時価－みなし配当の金額－譲渡原価
> ＝外国子会社の資本金等の額－譲渡原価

　上記の結果，計算されたみなし配当の金額については，一定の要件を満たした場合には，みなし配当の金額の95％については，益金の額に算入しないことが可能である（「第2章4⑵外国子会社配当益金不算入制度」参照）。

　なお，みなし配当の計算においても，株式譲渡損益の計算においても，「外国子会社の資本金等の額」が計算要素として重要になってくるが，法人税法施行令第8条に定められた資本金等の額により計算する必要があるという点に留意が必要である。また，為替換算を行う必要があるが，残余財産の確定の日における電信売買相場の仲値により換算した円換算額により計算を行うことになると考えられる（法基通20－3－14）。

　すなわち，現地の会計基準や租税法に定められた方法ではなく，日本の租税法に定められた方法により資本金等の額を算定しなければならないため，過去の決算書を遡ったうえで計算をしなければならず，かなり煩雑な作業になってくる。内国法人であれば，法人税確定申告書別表五(一)において資本金等の額が計算されているため問題にはならないが，外国法人がそのような計算を毎事業年度に行っているはずがなく，過去に遡らないと正確な金額が出ないという点については，実務的にも，問題になりやすいところである。

※ なお，日本において，日本の会計基準における資本金等の額と日本の法人税法における資本金等の額にズレが生じるようになったのは，平成13年度税制改正からであるため，よほどの特殊な処理が行われていない限り，平成13年度以降の会計処理のみを確認すればよいと割り切っているケースも存在する。

6 外国子会社によるその他資本剰余金を原資とする配当

その他資本剰余金を原資とする配当を行った場合において，グループ法人税制が適用されるときは，株式譲渡損益は認識されず，みなし配当のみを認識し，グループ法人税制が適用されないときは，みなし配当だけでなく，株式譲渡損益を認識する必要がある（「第2章6　資本税制」参照）。

グループ法人税制は内国法人間の取引に限定されているため，内国法人が外国子会社からその他資本剰余金を原資とする配当を受けたとしても，グループ法人税制は適用されないことになる（「5　外国子会社の清算」参照）。

したがって，みなし配当と株式譲渡損益を認識する必要が生じるが，単純化のために，内国法人が発行済株式の全部を直接に保有する外国法人からその他資本剰余金を原資とする配当を受けた場合を前提にすると，みなし配当と株式譲渡損益の計算は以下のとおりとなる。

【みなし配当の金額】

みなし配当の金額（法法24①三，法令23①三，所法25①三，所令61②三）

＝交付を受けた金銭等の時価 － 外国子会社の資本金等の額 × $\dfrac{ロ}{イ}$

イ＝その他資本剰余金を原資とする配当の日の属する事業年度の前事業年度終了の時の簿価純資産価額

ロ＝減少したその他資本剰余金の額

※ 実際には，株主が複数存在するケースが多いため，「外国子会社の資本金等の額」を株式数で按分するなど，もう少し計算は複雑になる。

【株式譲渡損益の金額】

> 株式譲渡損益の金額（法法61の2①一）
> ＝交付を受けた金銭等の時価－みなし配当の金額－譲渡原価
> ＝外国子会社の資本金等の額×$\dfrac{ロ}{イ}$－譲渡原価

※　譲渡原価の計算

譲渡原価の金額＝$\dfrac{その他資本剰余金の配当の直前に\\おける所有株式の帳簿価額}{}$ ×$\dfrac{ロ}{イ}$

イ＝その他資本剰余金の配当の日の属する事業年度の前事業年度終了の時の簿価純資産価額
ロ＝減少したその他資本剰余金の額

このように、「5　外国子会社の清算」で解説した内容と同様に、みなし配当の計算においても、株式譲渡損益の計算においても、「外国子会社の資本金等の額」が計算要素として重要になり、かつ、現地の会計基準や租税法に定められた方法ではなく、日本の租税法に定められた方法により資本金等の額を算定しなければならないという点が問題となる。

しかし、それ以上に問題となるのが、その他資本剰余金の配当の日の属する事業年度の前事業年度終了の時の簿価純資産価額が計算要素となっているという点である。すなわち、日本の租税法に基づいて、外国子会社の税務上の簿価純資産価額を計算しなければならないという点であり、実務的には、ほぼ不可能な処理であるといっても過言ではない。

そのため、実務上は、現地の会計基準における簿価純資産価額や資本金等の額を使用して計算している事案も存在するが、本来であれば、日本の租税法における簿価純資産価額や資本金等の額を基礎に計算するというのが条文の素直な読み方であり、かなり悩ましい論点である。

【著者紹介】

佐藤　信祐（さとう　しんすけ）

公認会計士・税理士
公認会計士・税理士　佐藤信祐事務所　所長
平成11年　明治大学経営学部卒業
　　　　　朝日監査法人（現有限責任 あずさ監査法人）入所
平成13年　公認会計士登録，勝島敏明税理士事務所（現税理士法人トーマツ）入所
平成17年　税理士登録，公認会計士・税理士佐藤信祐事務所開業，現在に至る。

主な著書

『ケース別にわかる企業再生の税務』（共著，中央経済社），『企業買収・グループ内再編の税務―ストラクチャー選択の有利・不利判定―』（共著，中央経済社），『組織再編税制 申告書・届出書作成と記載例』（共著，清文社），『制度別逐条解説　企業組織再編の税務』（共著，清文社），『組織再編における株主課税の実務Ｑ＆Ａ』（共著，中央経済社），『組織再編における包括的租税回避防止規定の実務』（中央経済社），『債務超過会社における組織再編の会計・税務』（共著，中央経済社），『グループ法人税制における無対価取引の税務Ｑ＆Ａ』（共著，中央経済社），『組織再編・グループ内取引における消費税の実務Ｑ＆Ａ』（共著，中央経済社），『実務詳解 組織再編・資本等取引の税務Ｑ＆Ａ』（共著，中央経済社），『グループ法人税制・連結納税制度における組織再編成の税務詳解』（共著，清文社）など

佐和　周（さわ　あまね）

公認会計士・税理士
佐和公認会計士事務所　代表
関西学院大学非常勤講師
平成11年　東京大学経済学部卒業
　　　　　朝日監査法人（現有限責任 あずさ監査法人）入所
平成20年　英国ケンブリッジ大学経営大学院首席修了（MBA）
平成21年　KPMG税理士法人に転籍
平成23年　佐和公認会計士事務所開業，現在に至る。

主な著書

『海外進出・展開・撤退の会計・税務Ｑ＆Ａ』（中央経済社），『海外進出企業の税務調査対策チェックリスト』（中央経済社），『英和・和英　海外進出の会計・税務用語辞典』（中央経済社），『担当者の疑問に答える　タックス・ヘイブン対策税制Ｑ＆Ａ』（共著，中央経済社），『貸借対照表だけで会社の中身が８割わかる』（中央経済社），『Ｑ＆Ａ 大規模災害時の会計・税務』（中央経済社），『中国ビジネス　技術・ブランドの活かし方―事業企画・知財・法務・税務のノウハウ』（共著，経済産業調査会）など

クロスボーダーM&Aの税務
——ストラクチャー選択の有利・不利判定

2013年5月10日　第1版第1刷発行

著　者　佐　藤　信　祐
　　　　佐　和　　　周

発行者　山　本　憲　央

発行所　㈱中央経済社

〒101-0051　東京都千代田区神田神保町1-31-2
　　　　　　電話　03（3293）3371（編集部）
　　　　　　　　　03（3293）3381（営業部）
　　　　　　http://www.chuokeizai.co.jp/
　　　　　　振替口座　00100-8-8432
　　　　　　製版／㈱プランニングセンター
　　　　　　印刷／㈱堀内印刷所
　　　　　　製本／誠　製　本　㈱

©2013
Printed in Japan

＊頁の「欠落」や「順序違い」などがありましたらお取り替えいた
しますので小社営業部までご送付ください。（送料小社負担）
ISBN978-4-502-06970-3　C3034

JCOPY〈出版者著作権管理機構委託出版物〉本書を無断で複写複製（コピー）することは，
著作権法上の例外を除き，禁じられています。本書をコピーされる場合は事前に出版者著
作権管理機構（JCOPY）の許諾を受けてください。
　JCOPY〈http://www.jcopy.or.jp　eメール：info@jcopy.or.jp　電話：03-3513-6969〉